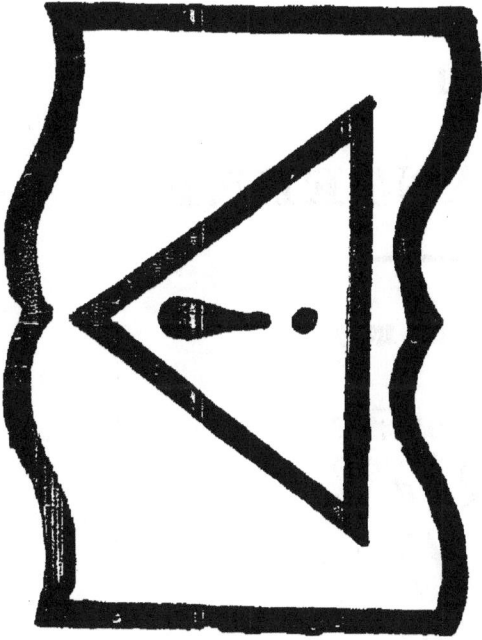

COUVERTURES SUPERIEURE ET INFERIEURE D'IMPRIMEUR

LE

COL D'ANTERNE

1re SÉRIE IN-8o

La neige est haute en dessus ! (page 13)

LE
COL D'ANTERNE

SUIVI

D'AUTRES NOUVELLES GÉNEVOISES

Par

Rodolphe Töpffer

QUATORZE GRAVURES

LIMOGES
EUGÈNE ARDANT & Cie
ÉDITEURS

L'Anglais bâilla une seconde fois (page 10)

LE COL D'ANTERNE

La vallée de Servoz est la première qui se présente au sortir de celle Chamonix. Si les neiges ont disparu des cimes voisines, si les prés ont repris leur verdure, si le soleil du soir dore les rochers qui l'enserrent, cette vallée est riante, bien que sauvage. Quelques cabanes y sont éparses, et, parmi elles, une petite auberge où j'arrivai le 12 juin au soir.

7

On peut sortir de cette vallée de bien des façons. Quelques-uns en sortent par la grande route, c'est le plus simple; mais, dans ce temps-là, jeune et de plus touriste, je dédaignais cette plate façon de sortir des vallées. Un touriste veut des cimes, veut des cols, veut des aventures, des dangers, des miracles : pourquoi? c'est sa nature. Ainsi qu'un âne n'imagine pas qu'on aille du moulin au four autrement que par le plus court, le plus plat, le meilleur chemin; ainsi un touriste n'imagine pas davantage qu'on aille de Servoz à Genève autrement que par le plus long, le plus ardu, le plus détestable chemin. Les commis voyageurs, les marchands de fromage, les financiers, les vieilles gens, font comme l'âne; les gens de lettres, les artistes, les Anglais et moi, nous faisons comme le touriste.

C'est pourquoi, dès que je fus arrivé dans la petite hôtellerie de Servoz, je m'informai de la nature des cols et passages. On me parla du col d'Anterne : c'est une gorge étroite, resserrée entre les pics des Fiz et les bases du mont Buet; le sentier est difficile, la cime âpre et décharnée... Je vis que c'était mon affaire, et je résolus de m'y engager le lendemain sur les traces d'un bon guide. Par malheur il n'y a point de guides dans l'endroit, et l'on ne put que m'indiquer un chasseur de chamois qui pourrait, disait-on, m'en tenir lieu; mais il se trouva que cet homme était déjà engagé par un touriste anglais qui voulait se rendre à Sixt par la même route que je me proposais de prendre.

Ce touriste, je l'avais vu sur le seuil de l'auberge à mon arrivée. C'était un *gentleman* de bonne mine, d'une mise aussi propre que recherchée, et de manières très distinguées, car il ne me rendit point le salut que je lui adressai en passant; c'est chez les Anglais bien élevés un signe de bon ton, d'usage du monde. Toutefois, quand j'eus appris que le seul homme de l'endroit qui pût me guider au col d'Anterne se trouvait déjà engagé par ce touriste, je revins auprès de celui-ci, fort désireux de l'amener à me permettre de me joindre à lui pour passer le col, en payant de moitié le chasseur de chamois.

L'Anglais était assis en face du Mont-

Blanc, que d'ailleurs il ne regardait pas Il
venait de bâiller; je bâillai aussi en signe de
sympathie; après quoi je crus devoir laisser
s'écouler quelques minutes, pendant lesquelles, milord ayant eu le temps de se
familiariser avec ma personne, je me trouvais ensuite comme présenté, comme *introduit* à lui. Lorsque le moment me parut propice : « Magnifique! dis-je à demi-voix et
sans m'adresser encore à personne, sublime
spectacle! »

Rien ne bougea, rien ne répondit. Je m'approchai :

« Monsieur, dis-je fort gracieusement,
arrive sans doute de Chamonix?

— Uï.

— J'en suis moi-même parti ce matin. »
L'Anglais bâilla une seconde fois.

« Je n'ai pas eu, Monsieur, l'avantage de
vous rencontrer en route; il faut que vous
ayez passé par le col de Balme?

— No.

— Par le Prarion, peut-être?

— No.

— J'y arrivai hier par la Tête-Noire, et je
me propose de passer demain le col d'An-

terne, si toutefois je puis trouver un guide. Vous avez pu, me dit-on, vous en procurer un ?

— Uï... »

Uï ! no ! Le diable l'emporte, disais-je au dedans de moi-même. Sot animal ! Puis, me décidant à brusquer l'affaire : « Y aurait il de l'indiscrétion, Monsieur, dans le cas où je ne pourrais me procurer un guide, à vous demander la permission de m'associer à vous, en payant le vôtre de moitié ?

— Uï, il y avé de l'indiscréchon.

— En ce cas, je n'insiste point, » lui dis-je. Et je m'éloignai tout enchanté de ce colloque intéressant.

C'est une heure charmante en voyage que celle du soir, lorsque, dans une contrée solitaire et sauvage, on erre doucement à l'aventure, sans autre soin que de voir ce qui se présente, que de converser avec le passant, que d'amener à point un appétit que la marche a déjà aiguisé et que le repas qui s'apprête va bientôt satisfaire. Tout en me promenant, je me dirigeais sur un rocher couvert de ruines : on l'appelle le *mont Saint-Michel*. Deux chèvres y broutaient, qui

s'enfuirent à mon approche, me laissant
maître de la place, où je m'assis auprès de
jeunes aunes qui croissent en ce lieu.

Ce n'est point ici une aventure dont je
dispose les circonstances. Ne vous attendez
à rien, je vous prie, lecteur. J'étais assis,
c'est tout; mais c'est beaucoup, je vous
assure, à cette heure et dans ce lieu. La
vallée est déjà dans l'ombre; mais du côté où
elle s'ouvre sur le Mont-Blanc, qui est tout
voisin, une resplendissante lumière éclaire
et colore les glaces de cette cime majestueuse, dont les dentelures se découpent
avec magnificence sur un sombre azur. A
mesure que le soleil s'abaisse, l'éclat se retire
par degrés des plateaux de glace, des trans-
parents abîmes; et quand de la dernière
aiguille disparaît la dernière lueur, il semble que la vie ait cessé d'animer la nature.
Alors les sens, jusqu'à ce moment charmés,
attentifs, et comme enchaînés à ces sommités, se ressouviennent de la vallée; la joue
sent fraîchir le souffle du vent, l'oreille re-
trouve le bruit de la rivière, et des hauteurs
contemplatives l'esprit redescend à songer
au souper.

Un pâtre était venu chercher les chèvres. Au retour, je fis route avec lui. Ce bonhomme avait certaines notions sur le col d'Anterne; et je lui eusse certainement proposé de me servir de guide le lendemain, sans l'extrême pusillanimité que je croyais remarquer en lui. « Les gens encore, disait-il; mais les messieurs! non. La neige est haute en dessus! Pas huit jours qu'il y a péri deux cochons, ceux de Pierre; et sa femme aussi, qui les ramenait de la foire de Samoins. Deux cochons tout élevés! Si encore elle les avait vendus, l'argent se serait retrouvé. Je vous dis que c'est un mauvais passage en juin. »

Je lui soutins, sur la foi de mon itinéraire, que le col d'Anterne est au contraire un passage très facile, puisqu'il n'est élevé que de 2,362 mètres au-dessus du niveau de la mer, tandis que la limite des neiges éternelles est à 2,604 mètres. Et, comme la force de mon argumentation ne me parut pas avoir convaincu le pâtre, je pris mon crayon, et, faisant sur la couverture même de l'itinéraire une soustraction victorieuse, je démontrai que nous avions encore, à partir du sommet du col, 242 mètres de roc nu, par conséquent sans neige ni glace.

« Mâ s'y fias (1), dit-il dans son patois. Vos chiffres, je ne m'y connais pas; mais tenez, il y a deux ans d'ici, dans ce même mois, un Anglais y est resté. C'était le fils. Je vis son père tout en pleurs et en deuil. On lui fit fête chez Renaud, on lui mit devant des noix sèches, de la viande, du bouché; rien n'y fit. C'est son fils qu'il voulait. On l'eut trente-six heures après, mais c'était le cadavre. »

Il me parut évident que cet homme faisait quelque confusion de noms; car l'itinéraire était positif, et la soustraction péremptoire. Au surplus, je voulais un peu de danger, et, en supposant que le pâtre n'eût fait que re-présenter, avec l'exagération d'un esprit timide, des choses au fond vraies à quelque degré, il se trouvait que le col d'Anterne était le col qui me convenait tout particu-lièrement entre les cols. Je persistai donc dans mon projet de le traverser sans guide, puisque je n'en trouvais point, mais avec le secours de mon excellent itinéraire, et en

(1) Il ne faut pas s'y fier.

ayant soin de partir peu de temps après l'Anglais, de manière à suivre de loin ses traces.

En rentrant à l'hôtel, je trouvai le souper
servi. Une petite table était dressée pour
moi ; plus loin, milord avait la sienne, où il
mangeait en compagnie d'une jeune demoiselle, sa fille, que je n'avais point encore
vue. Elle était belle, éblouissante de fraîcheur, et ses manières présentaient ce mélange de grâce et de roideur qu'on rencontre
souvent chez les jeunes Anglaises qui appartiennent aux classes aristocratiques. Comme
je sais l'anglais, j'aurais pu profiter de leur
conversation, sans toutefois y prendre part ;
mais elle se borna à l'échange de quelques
monosyllabes qui exprimaient un dédain
rempli de dignité, au sujet du service des
gens, de la qualité des mets ou de l'équivo-
que propreté des ustensiles. Ces mets eux-
mêmes étaient singulièrement choisis et plus
singulièrement répartis. Mademoiselle s'é-
tait fait servir un large bifteck, et ses jolies
lèvres ne dédaignaient point de livrer passage à quelques rasades d'un vin que je
jugeai devoir faire partie de la provision de
voyage. Pendant ce temps, milord s'occupait

de préparer un thé qui devait constituer tout
son repas. Il mettait à cette opération ce soin
minutieux, cette importance grave que sait
y mettre un Anglais comme il faut ; et, bien
que toute la maison fût sur pied à l'occasion
de ce thé, prête à tout faire, prête à se mettre
au feu pour que ce thé fût parfait, milord
accueillait toute la maison avec cette fureur
roide qui, souvent aussi, caractérise l'Anglais de qualité, en voyage, à l'auberge, et
sur le continent.

Sur la fin du souper, le guide entra.

« Holà ! hé ! dites donc, monsieur, il nous
faut partir de grand matin. Je viens d'exa-
miner le temps : vers midi nous pourrions
avoir de l'orage. C'est mauvais par là-haut à
cause des neiges. Et puis, c'est pas l'om-
brelle de cette demoiselle qui la tirerait
de là. »

Cette façon cavalière de s'exprimer cho-
quait visiblement milord. Avant de répondre, il entama avec sa fille un colloque en
anglais. Pour la clarté du récit, je reproduis
ce colloque dans cette sorte d'idiome qu'em-
ploient entre eux les Anglais lorsqu'ils con-
versent en français.

Milord a sa fille. « Cette guide avé iune très-irrévencious manière.

— Il me paraissé iune stupid. Disé à lui que je ne voulé partir que si le ciel n'avez pas iune niuage »

Milord au guide. « Je ne voulé paartir que quand le ciel n'avait pas iune niuage.

— Eh bien! c'est pas ça! reprit le guide. De grand matin il y aura des nuages, je vous en préviens; et tout de même il faut partir de grand matin. Laissez donc, nous connaissons le temps et les endroits, nous autres! »

Milord a sa fille. « C'était iune fourbe. *Au guide :* Je disé à vos que je ne voulé paartir que quand le ciel n'avé pas iune iunique niuage.

— Comme vous voudrez, ça vous regarde. Je parie que le ciel sera découvert vers neuf heures! Une supposition : vous partirez à neuf heures, mais je vous dis que vers midi il peut faire de l'orage, et à midi nous serons justement au milieu des neiges; au lieu de cela, si nous partons de grand matin, à midi nous sommes à Sixt, et vienne la tourmente alors! »

Milord a sa fille. « C'était iune fourbe.

Comprené-vous le chose, Clara? Il connaissé qu'il faisé mauvais temps démain, et
il voulé nous engager à commencer la journée de grand matin, parce que plus tard il
faisé la pluie, et il perdé son aagent.

— Je croyé aussi.

— Ces hommes été tute remarquablement
voléurs !

— Tute. Ordonné lui votre volonté; il été
bien attrapé ! »

Milord au guide. « Mon ami, je distingué
parfaitement bien voter estratadgem? Je ne
voulé paartir que quand le ciel il n'avait pas
plus de niuage que sur cette plate... (à
Clara) : How do you say plate, Clara?

Clara. « Assiette.

— .... Que siur cette assiette..... Entendé-
vos?

— J'entends, j'entends; mais c'est une
bêtise. Tenez, laissez-moi vous amener
Pierre. Avec ces deux cochons que ça lui a
coûté !...

— Je défendé vos d'amener des cochons...

— C'est pour faire voir à Monsieur...

— Je défendé vos !

— Comme vous voudrez.

Je défendé vos d'amener des cochons... (page 18)

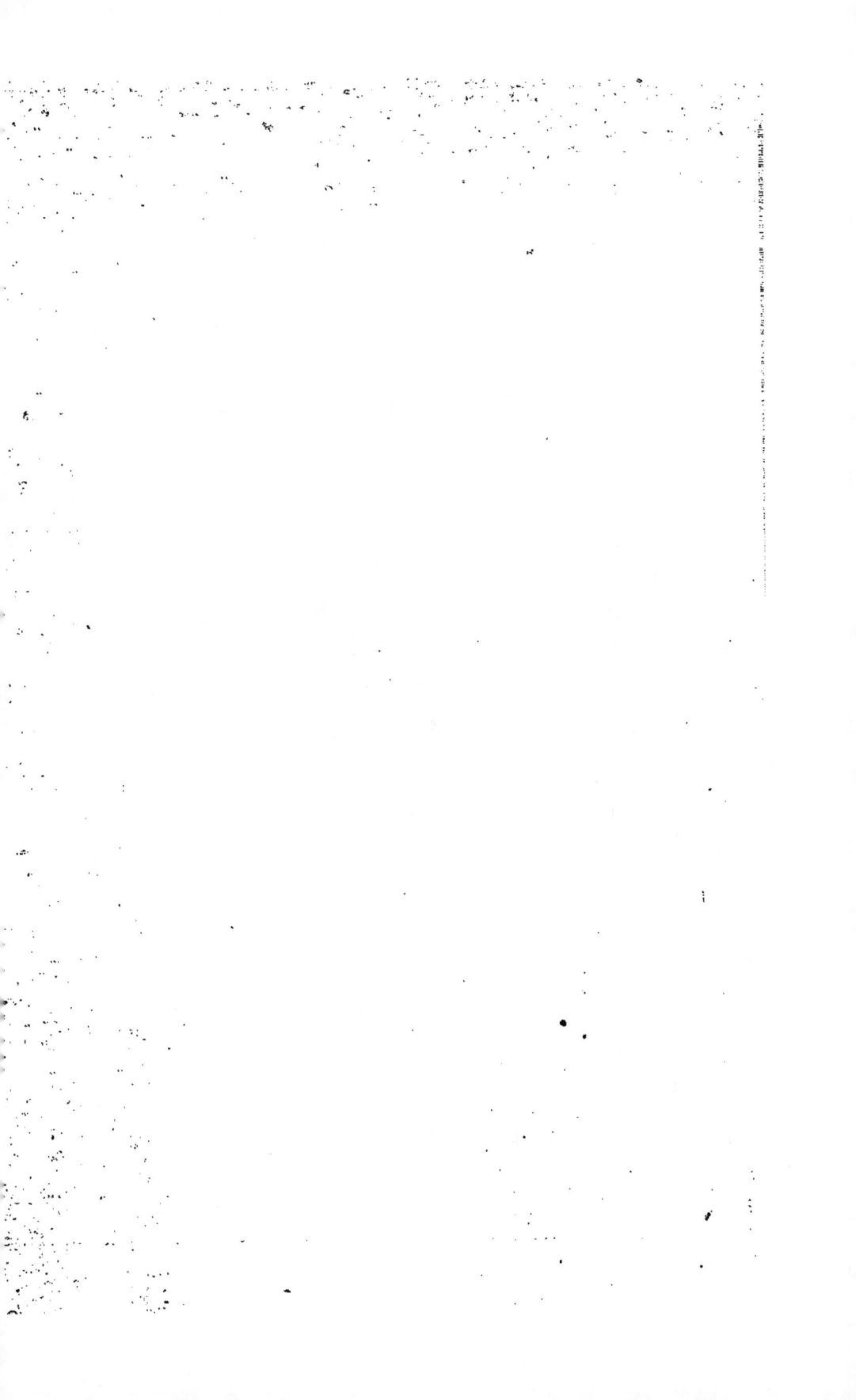

— Je défendé, diabel! »

Le guide sortit, et de cette façon je ne pus, contre mon usage, décider de la veille l'heure du départ. Je penchais à croire le guide sincère dans ses assertions, mais, n'ayant pas voix au chapitre, je dus me contenter d'associer ma destinée à celle de milord, et c'est dans cette résolution que j'allai me coucher.

Les guides ont leurs idées. Malgré les ordres qu'il avait reçus, celui-ci vint au petit jour faire vacarme pour réveiller milord et le presser de partir. Milord, déjà blessé dans ses plus intimes susceptibilités par la façon bruyante dont s'y prenait le chasseur pour réveiller son monde, sortit du lit, vint mettre le nez à la fenêtre, et voyant le ciel tout couvert de nuages, ne put contenir son indignation : « Vos été iune fourbe, Mosieur! iune fourbe! criait-il au guide de derrière sa porte; je connaissé voter estratadgem! je connaissé!... je déclaré encore iune fois que je ne parté pas s'il y avé iune sieule iunique niuage dans tute la circumférence de la firmamente!... Allé-vos-en! tute suite! tute!...»

Le guide se retira en grommelant, mais

sans trop comprendre le motif d'un si brus-
que accueil. Du reste, ses prédictions météo-
orologiques ne tardèrent pas à se réaliser.
Dès huit heures, le soleil perça le dais des
nuages qui avait jusque-là plané dans la
vallée, et bientôt, ayant dissipé les vapeurs
devenues plus légères, on le vit briller dans
un ciel parfaitement pur. Alors seulement
milord et sa fille, se décidant à partir, mon-
tèrent sur leurs mulets, qui, sellés et bridés,
attendaient depuis plus de deux heures devant l'auberge, en compagnie du guide. Un
troisième mulet portait leur valise à Sixt par
une route moins longue et plus facile. Environ vingt minutes après leur départ, ayant
chargé sur mon dos mon petit havre-sac, je
partis à pied sur leurs traces.

Cette montagne que nous traversions est
pittoresque, intéressante. Jusqu'à mi-hau-
teur, ce sont des croupes magnifiquement
boisées : d'abord des noyers, puis les hêtres
mêlés aux sapins, bientôt les premiers bou-
leaux, dont le tremblant feuillage couronne
des troncs svéltes et argentés; enfin, les
rochers des Fiz. Ce sont des roches qui s'é-
lancent vers la nue, plus élevées, plus mena-

çantes à mesure qu'on s'en approche, et formant une vaste chaîne qui court du côté de Sallenche, où elle se termine par la majestueuse aiguille de Warens. Ces roches sont vermoulues, minées par les eaux; elles ont formé par des éboulements successifs, dont le plus récent eut lieu dans le siècle passé, ces croupes aujourd'hui boisées, parsemées de riants pâturages, mais qui recouvrent des corps d'hommes, des hameaux, des pays entiers. De loin en loin, quelques hardis chasseurs ont escaladé les Fiz, ils disent que sur cet âpre sommet on trouve un lac sombre, profond, dont on raconte dans la contrée des choses merveilleuses.

Le dernier village que l'on dépasse, lorsque l'on monte de Servoz, c'est le village du *Mont*. Frappé du délabrement qui régnait dans ce petit hameau, où je n'apercevais ni habitants ni bestiaux, j'y fis halte auprès d'une fontaine; mais personne ne parut à qui je pusse demander la cause d'une solitude si profonde. Si je l'eusse pu, un triste désenchantement eût accompagné ma curiosité satisfaite; en effet, dès le lendemain, en entrant à Bonneville, notre cocher m'indiquait du doigt la prison qui recélait tous les malheureux habitants de ce village.

C'est une histoire funeste... Heureusement je ne savais point ces choses! Assis auprès de la fontaine, j'en admirais le cristal, les mousses éclatantes; je me figurais que ces bonnes gens que je ne voyais pas sous le porche des maisons, autour des étables, travaillaient dans la forêt, ou faisaient paître leurs nombreux bestiaux. Comment, dans ces lieux écartés, sous ces aimables ombrages, se peindre une peuplade dévorée par ces plaies qui rongent la populace des grandes villes? Comment renoncer, au sein des hautes Alpes, à ce charme d'innocence que l'on vient y chercher comme dans un inviolable asile? Et pourtant bien des fois déçue, l'illusion renaît sans cesse, parce que nous, hommes des villes, cette grande nature nous émeut, ce silence des montagnes nous parle; notre cœur s'élève, s'épure, il semble reprendre sa primitive innocence, et bientôt, ne concevant plus le mal, les vices, les abjectes passions, il va prêtant à toutes choses ce charme qui l'enivre.

Je l'éprouvais, ce charme, dans toute sa

pureté, et davantage à mesure que je m'élevais.

Cependant, vers onze heures quelques nuages planaient au-dessus des gorges profondes; le Mont-Blanc avait cet aspect mat qui laisse les arêtes du roc se dessiner toutes noires sur une blancheur terne, et du côté du sud le vent soufflait par froides bouffées. Je songeai aux prédictions du guide, mais seulement pour rire du bon milord qui, afin de ne pas donner dans un piége imaginaire, s'en était tendu un très réel à lui-même. De temps en temps, quand le taillis était moins épais et la pente plus escarpée, je voyais les deux mulets au-dessus de ma tête. Milord et sa fille chevauchaient sans mot dire, lorsque le guide, qui conduisait à la main le mulet de la jeune miss, s'étant arrêté pour lui montrer quelque chose, il s'ensuivit une sorte d'altercation.

Il faut savoir que les guides, en cet endroit, montrent au voyageur une tache de couleur ferrugineuse qui se voit à une grande hauteur contre la paroi des Fiz. Ils appellent cette tache l'*Homme des Fiz*, parce qu'ils prétendent qu'elle a la forme et l'aspect

2

d'une culotte jaune, tandis que, tout autour,
d'autres apparences complètent, selon eux,
la figure du géant. C'est cette curiosité que
le guide indiquait du doigt à la jeune miss;
mais, pour lui montrer l'homme, il lui dési-
gnait la culotte. On sait tout ce que ce mot a
d'inconvenant pour des oreilles anglaises;
aussi une expression de haute pruderie se
peignit-elle sur le visage de la jeune personne, tandis que milord laissait voir sur le
sien les signes de la plus comique indignation.

« Ici en haut, à gauche, répétait le guide,
une culotte rouge !

— Je défendé vos, guide, de dire cette
mote !

— C'est que Monsieur ne la voit pas.
Tenez, juste au bout de mon bâton... Une
culotte jaune !

Ici la jeune miss redoubla de pudique malaise, et milord, outré de cette récidive :
« Vos été iune malproper, monsieur ! j'avé
dite à vos de ne pas prononcer cette sale
mote ! Jé payé vos, c'été vos d'avoir de l'obé-
dience ! (*A sa fille.*) Piqué la miulette
Clara. »

La caravane reprit sa route. Le guide, simple chasseur de chamois, guide seulement par occasion, et point au fait, comme le sont ceux de Chamonix, des *mœurs et coutumes*, comprenait toujours moins à qui il avait affaire. Mais au fond, soucieux seulement de son salaire, il n'insista pas, et mettant à sa bouche une énorme pipe bien bourrée de tabac, qu'il venait de sortir de sa poche, il se mit à battre le briquet...

CLARA A MILORD. « Oh! le détestable perfiume, si cette gaaçon voulé fiumer son pipe! »

MILORD A CLARA. « Je n'avé pas connoissé iune si intolérable! homme! (*Au guide.*) Je défendé vos, guide, de fiumer, pourquoi mon file il craigné la perfiume...

— Ç'est pas du *perfium,* c'est du bon tabac, et puis du bon!

— C'est iune perfiume mauvaise, je défendé vos!

— Eh bien! tenez, la bête est sûre, je marcherai derrière... »

CLARA. Oh! oh!... ne quitté pas la miulette! »

MILORD. « Ne quitté pas! Ohé! *what fellow*

we have there! Je défendé vos de fiumer! Si vos fiumé, je refiusé absolument de payer vos!

— Ah ben! ceux-là!... vaut mieux mener les bêtes à la foire, dit le guide en remettant sa pipe dans sa poche. Voyons, avançons! ajouta-t-il. Le temps se brouille, il s'agit de passer les neiges. »

Effectivement le ciel s'était de nouveau entièrement chargé de nuages; toutes les cimes étaient cachées, et le vent, déjà plus violent, faisait tourbillonner la poussière des ravins. Nous montions depuis plus de trois heures, et néanmoins le haut du col paraissait encore éloigné. Depuis que nous avions atteint le bas des rochers de Fiz, en même temps que nous laissions derrière nous les dernières traces de végétation, ces rochers, que nous commencions à tourner, nous dérobaient la vue de la vallée de Servoz. La scène était donc changée : à gauche, des rocs verticaux; à droite, les bases du Buet, toutes de glaces et de pierres nues; autour de nous, une contrée déserte et morne, dont l'aspect n'était varié que par les blanches plaques de neige qui se montraient à chaque instant plus nombreuses, pour devenir bientôt continues.

MILORD A CLARA. « J'avé la suspicion que cette drôle ne connaissait pas la *true* chemin.

—J'avé aussi, » répondit Clara avec un air d'inquiétude.

MILORD. « Vos méné nous dans iune mauvaise chemin, guide ?

—Ici ! c'est pas de quoi se plaindre. Attendez donc d'être en haut. Avançons, avançons ! »

CLARA A MILORD. « Oh ! je craigné beaucoup, mon père !

— Avançons, avançons ! Vous n'avez pas voulu m'écouter hier ; c'est à savoir maintenant comment nous nous en tirerons

—Je voulé ritorner, ritorner absoliument ! s'écria la jeune miss très effrayée.

— Impossible, mamselle. Mais c'est sûr qu'il vaudrait mieux pour nous que nous fussions à cette heure de l'autre côté.

—Arrêtez la miulette, guide, arrêtez ! » dit milord. Le guide tout préoccupé ne tint aucun compte de cette injonction. « Arrêtez ! »

répéta la jeune miss. « Arrêtez! répéta
milord ; tute suite! tute!»

Le guide, sans s'arrêter et sans répondre,
regardait attentivement le ciel en arrière de
nous. « C'est mauvais, » dit-il. Puis, arrêtant
brusquement les mulets :

« Monsieur, mamselle, il faut descendre.

— Descender! s'écrièrent-ils tous deux à
la fois.

— Et vite! Retourner, c'est impossible.
Voici la tourmente qui nous prend à dos : le
vent nous l'amène grand train. Nous n'avons
qu'une chance, c'est qu'elle ne nous attrape
pas. Le col est loin encore; si nous y vou-
lons passer, nous sommes *péris* avant d'y
arriver. Il faut grimper cette rampe à gauche, elle abrége; au-delà nous sommes en
dehors du vent. A bas! les mulets trouveront
leur route. A bas donc!»

Le sang-froid de cet homme imposa à
milord, en même temps que ses paroles lui
causaient une grande inquiétude. Il descendit sans mot dire; alors je m'approchai. La
jeune miss était toute tremblante. Sans demander la permission, je l'aidai à descendre
de sa monture, tout en lui adressant quel-

ques paroles rassurantes. Quand son père
vit ses pieds délicats s'enfoncer profondément dans la neige, un mouvement d'effroi
se peignit sur son visage.

« Guide, dis-je aussitôt à l'homme qui ac-
crochait en toute hâte les étriers à la selle
des mulets, c'est à vous de nous tirer d'ici.
On m'a parlé de votre courage, de votre
force ; vous êtes Félizas, le plus habile chasseur de la vallée ; nous nous confions à
vous. » Me tournant ensuite vers milord :
« N'ayez pas de crainte, monsieur. Je suis
aussi fort habitué aux montagnes. Entre ce
brave homme et moi, nous soutiendrons
mademoiselle, vînt-elle à fléchir sous l'excès
de la fatigue.

— Oblidgé, » me répondit-il tout distrait
par une vive émotion.

Moins troublé que l'Anglais, je n'étais pas
moins inquiet. Les récits du pâtre, que j'avais
à peine écoutés la veille, se présentaient à
mon imagination et me faisaient juger notre
situation très périlleuse. Cet homme m'avait
raconté dans tous leurs détails les circonstances qui avaient accompagné la mort du
jeune Anglais, celle de la femme de Pierre ; il

me semblait les voir se reproduire toutes avec une effrayante vérité ! La malheureuse, arrivée près du sommet avec sa compagne, avait manqué de force pour s'enfuir, et, au bout de quelque temps, elle avait péri enveloppée dans la tourmente : c'est un vent qui, s'engouffrant dans les anfractuosités de ces gorges étroites, y tourbillonne avec violence, en déplaçant d'énormes masses de neiges qui recouvrent comme d'un linceul tous les objets sur lesquels il promène ses fureurs. Or c'était un tourbillon de cette sorte qui, s'élevant derrière nous comme du fond de la vallée, semblait vouloir nous atteindre avant peu d'instants. Dès que le guide l'avait aperçu, et bien avant que nous pussions nous douter du danger, il ne l'avait plus quitté des yeux, mesurant avec sagacité sa distance pressentant sa direction, et jugeant avec un coup d'œil aussi sûr que prompt qu'il fallait, pour ne pas périr, escalader au plus vite la pente qu'il venait de nous montrer.

Nous nous y engageâmes. A peine libres les mulets s'étaient enfuis avec vitesse, la tête haute et les naseaux au vent. Guidés

par leur instinct, ils avaient quitté le sentier
par lequel nous étions venus, et, se jetant
sur la gauche pour s'éloigner de la trombe,
ils s'enfonçaient dans une gorge obscure, où
bientôt nous les perdîmes de vue. « Avançons! avançons! » criait sans cesse le guide.
Mais la pente était si roide que, sans la neige
qui se tassait sous les pieds, il eût été impossible au plus habile chasseur de s'y tenir debout. Malgré cette circonstance favorable,
nous avancions à peine, troublés plutôt que
soutenus par les pressantes injonctions du
guide. La jeune miss, comprimant sa frayeur
pour ne pas ajouter à l'effroi qui semblait
enchaîner son père, faisait des efforts inouïs
pour s'élever; mais ses forces s'y consu-
maient, et déjà, après avoir, par une réserve
naturelle, manifesté quelque embarras en
acceptant l'appui de ma main, elle en était à
se suspendre à mon bras, à me laisser le plus
souvent le soin de la soutenir, de la porter
presque. Épuisé moi-même, et me croyant à
chaque instant arrivé au dernier terme de
mes forces, le danger extrême que courait
cette jeune demoiselle ranimait mon courage, et je tentais encore un effort. Enfin elle

atteignit au haut de la pente. Nous l'y laissâmes, car son père réclamait tous nos secours.

Une circonstance singulière avait ajouté
à la détresse de ce pauvre monsieur. Pendant qu'il cherchait à diminuer la roideur
de la pente en faisant des contours en zigzag,
ses bonds l'avaient conduit sur un bloc de
roche caché sous la neige, et posé, comme il
arrive quelquefois, en équilibre. Le poids du
corps avait fait un peu basculer cette masse
énorme, et la frayeur de milord avait été si
soudaine et si vive, qu'incapable de la sur-
monter, il s'était laissé tomber sur ses
genoux tremblants. Son visage était pâle et
défait; sa fille qui du haut du col venait de
l'apercevoir dans cet état, poussait des cris
de désespoir, et nous-mêmes nous ne savions
que résoudre. « Laissez-moi, nous dit-il, et
sauvez mon enfant ! »

Alors le guide : « Courage, mon bon monsieur! ce n'est rien. » Et s'adressant à moi :
« Portons-le ! »

Nous réunîmes nos efforts, et avec des
peines infinies nous atteignîmes au sommet.

Il y avait sur ce sommet un espace de quelques pieds qui, sans cesse balayé par le vent, se trouvait dépouillé de neige. C'est là que nous nous trouvions réunis tous les quatre. La tourmente approchait toujours.

« Il ne faut pas vieillir ici, dit le guide. Je prends le monsieur, c'est le plus lourd; vous, mamselle. Nous n'avons plus qu'à descendre, mais par-dessus vingt pieds de neige. Vous autres, mettez vos pieds par où j'aurai fait les miens. N'oubliez pas ça, c'est pour éviter les trous qui sont alentour des rocs. Courage! mon brave monsieur! courage! mamselle! C'est rien! Voici qui va vous faire revenir. »

En disant ces mots, le guide avait tiré de sa poche une vieille gourde en cuir qui contenait encore quelques gouttes d'une mauvaise eau-de-vie du pays. « A la guerre comme à la guerre. » dit-il, et en même temps il présentait la gourde aux lèvres de la jeune miss. Celle-ci goûta la liqueur et rendit la gourde avec un sourire de reconnaissance. Le guide y fit ensuite boire milord, puis il me la passa. Elle était légère. « A vous, guide, lui dis-je.

« Buvez seulement, répliqua-t-il en s'apprêtant à partir; c'est à peine si vous y trouverez de quoi. » Puis, regardant au-dessus de sa tête : « En route! » s'écria-t-il soudain, et comme surpris en voyant l'état du ciel. La trombe, en effet, semblable à une immense colonne, s'avançait obliquement, et déjà sa partie supérieure, surplombant sur la place où nous étions, nous masquait les sommités des Fiz à notre gauche.

La petite goutte de liqueur avait un peu ranimé nos forces; nous commençâmes à descendre. Mais, dès le premier pas, il se présenta des obstacles insurmontables. La neige, sur ce revers abrité contre le vent froid qui régnait de l'autre côté, était amollie; nous y enfoncions jusqu'à la ceinture. Bientôt les jupes de la jeune miss, entièrement détrempées par le contact de cette neige, en se collant à ses jambes, la glaçaient de froid et empêchaient d'ailleurs tous ses mouvements. A chaque moment elle se trouvait arrêtée, sans que je pusse, vu la nature de l'obstacle, la soulager en rien. Le guide s'en aperçut, et aussitôt, s'apostrophant lui-même : « Bête que tu es! c'est en haut qu'il

Regardez donc là où nous devions passer! (page 39)

fallait parler. Pardi! il faut que mamselle fasse, comme les femmes du pays, de ses jupes une culotte!... »

La situation, depuis quelques heures, avait bien changé. Aussi la jeune Anglaise, non sans embarras, à la vérité, mais cette fois sans fausse pruderie, mit la main à l'œuvre, et, ramenant par derrière l'extrémité antérieure de sa robe, elle l'y fixa avec une épingle, se faisant ainsi une sorte de pantalon bouffant, qui lui permit de faire quelque espace de chemin avec plus d'aisance.

Pour milord, le soin de sa fille le préoccupait tout entier. « Oblidgé! me disait-il à chaque pas, oblidgé! Mon Dieu! mon Dieu! guide, été-ce encore longtemps comme cela?

— Tenez, lui repartit le guide, nous sommes sauvés, mais regardez donc là où nous devions passer! »

A ces paroles du guide, nous nous séparâmes les uns des autres comme par un commun mouvement, et, tournant nos yeux de ce côté, nous regardâmes en silence. La trombe s'y brisait avec un fracas épouvantable. D'immenses traînées de neige, frappant sur les rocs, rejaillissaient par les airs, et le vent, ressaisissant ces gerbes égarées, les heurtait les unes contre les autres, en sorte qu'on voyait comme une vaste nuée soudainement déchirée par tous les vents déchaînés. Au spectacle de ces horreurs, milord, croyant à peine sa fille échappée à la plus affreuse mort, se retourna vers elle pénétré d'une émotion profonde et comme pour la serrer dans ses bras... Mais, émue elle-même et saisie par le froid, cette jeune fille venait de perdre connaissance.

Je me dépouillai aussitôt de mon habit, dont j'enveloppai cette jeune demoiselle; puis je la soulevai dans mes bras, pendant que son père tirait de son havre-sac quelques hardes dont nous entourâmes ses jambes et ses pieds glacés. Elle rouvrit les yeux et rougit en se voyant dans mes bras. « Cela va mieux, dis-je à milord; reprenez, monsieur, le bras du guide, et marchons. Je porterai mademoiselle jusqu'à ce que nous soyons en meilleur gîte. »

En cet instant, la jeune miss dit d'une voix faible :

« Merci, Monsieur... Marchez, mon père, je vous en prie. »

Et passant son bras autour de mon cou, elle s'y retenait pour me rendre moins lourd le fardeau de sa personne. « Puisque c'est comme ça, dit le guide, tirons à droite; je sais une baraque. »

Effectivement, au bout de vingt minutes, ce brave homme nous trouva un mauvais chalet, dont la cheminée seule perçait l'épaisse couche de neige sous laquelle il était enterré. Ces cabanes sont fort basses; le guide déblaya la neige, fit un trou à la toiture, descendit le premier, reçut la jeune fille de mes bras dans les siens, et bientôt nous fûmes tous ensevelis dans cette demeure, qui pour parois avait des poutres noires, enfumées, et pour plancher un humide terreau dont la nature indiquait assez le séjour qu'y avaient fait les troupeaux l'été précédent.

Sans cette misérable demeure, qui nous fut si précieuse, il est difficile de prévoir ce que serait devenue notre jeune compagne. A la tourmente qui avait éclaté avant de nous atteindre, avait succédé une pluie froide,

mêlée de neige, dont les gouttes serrées
piquaient le visage, gênaient la vue, et bor-
naient notre horizon à quelques pas, en sorte
que le guide lui-même n'avait plus d'autres
indices pour nous conduire que la pente de
la montagne : c'était le reste de la tempête
qui passait sur nos têtes. D'ailleurs, bien
que la jeune miss fût légère, il m'eût été
absolument impossible de la transporter
plus loin ; et, de son côté, le guide ne pouvait me succéder dans mon office sans aban-
donner la conduite de notre petite caravane
au milieu d'une route dont les difficultés et
les dangers réclamaient toute son attention
et toute la liberté de ses mouvements. C'est
ce que ce brave homme avait pressenti avant
nous, quand il s'était écrié brusquement :
« Je sais une baraque ! » Dès que nous y
fûmes entrés, il en ébranla la porte, la souleva sur ses gonds, puis l'inclinant convena-
blement et de façon qu'elle nous présentât le
côté le moins humide, j'étendis par-dessus
tout ce que récélait mon havre-sac, et nous y
déposâmes la jeune miss. Milord, silencieux, mais en proie à une forte agitation in-
térieure, soutenait de l'un de ses bras la tête

de sa fille, pour qu'elle ne reposât pas sur le bois, et de l'autre il ramenait sur son corps refroidi tout ce qui nous restait de vêtements secs.

Pendant ce temps Félisaz avait choisi pami les *tavillons* (1) intérieurs de la toiture le petit nombre de ceux que n'avaient pas encore atteints les dégels du printemps, et les ayant mis en tas sur quelques brins de paille recuillis un à un entre les poutres, sous les solives du chalet, il sortit son briquet de sa poche et se prit à dire en regardant milord : « Craignez rien C'est pas pour ma pipe, c'te fois ! »

A ce mot, qui, à l'insu du pauvre chasseur, renfermait un bien cruel reproche, un trait de vif regret, pénétrant jusqu'au cœur de l'Anglais, fit refluer la rougeur sur ses joues. Sa bouche resta muette, mais son regard exprimait la honte, toujours touchante chez un homme d'âge, et je pus y lire qu'il ne se pardonnait pas d'avoir été dur envers cet homme, à qui il se voyait redevable des jours de sa fille.

(1) Planchettes de bois de sapin dont les chalets son ordinairement couverts.

Déjà la flamme pétillait au foyer; nous nous approchâmes. A cette douce chaleur, la jeune miss semblait revenir à la vie, les couleurs reparaissaient sur son beau visage; peu à peu ses membres déroidis lui permettaient de plus faciles mouvements, et ses premières paroles, toutes remplies de reconnaissance pour nos soins, lui donnaient un air de grâce charmante, quand déjà sa beauté brillait d'un éclat inattendu, au milieu de cette noire demeure et à la claire flamme du bienfaisant foyer. Pour milord, assuré désormais que sa fille lui était rendue, il passait en ce moment de l'angoisse la plus vive à l'émotion de la plus puissante joie, et les larmes ruisselaient sur son visage avant qu'il eût encore pu prononcer une seule parole. De temps en temps, quittant la main de sa fille, il serrait la mienne; il serrait celle du guide, et cet homme lui répondait avec simplicité : « Je vous disais bien, mon bon monsieur, c'est rien!... » Non, courir de grands dangers, voir pendant deux heures comme prochaines, comme présentes, les atteintes de la mort, ce n'est point acheter à trop haut prix ces moments sans pareils, où l'espé-

rance renaît au sortir de l'angoisse, où le
bonheur reparaît soudainement dans toute
sa chaude vivacité, où la joie du cœur dé-
borde, se répand au-dehors, se confond dans
la joie de tous et de chacun. J'oublierai bien
des folles joies, bien des riants plaisirs que
j'ai cueillis sur le sentier de la vie ; mais
jamais mon cœur ne perdra le souvenir de
cette heure passée avec trois étrangers dans
un chalet enfumé, au sein des neiges et au
bruit de la tempête.

Le guide, toujours actif et prévoyant, avait
fabriqué auprès du feu une sorte d'éten-
dage où il suspendait et retournait nos vêtements ; ceux de la jeune miss s'étaient sé-
chés sur sa personne, et, déjà remise sur son
séant, elle assurait pouvoir partir. Par le
trou que nous avions fait à la toiture, et que
Félisaz avait agrandi pour fournir à l'entretien de notre feu, un rayon de soleil qui se
fit jour en cet instant acheva de nous rendre
la sécurité. « Signe de froid, dit le guide ; la
neige portera. C'est égal, mes souliers ne seront pas de trop sur les pierres ! »

Il désignait ainsi une sorte de semelle en
bois qu'il venait de tailler avec son couteau

pour l'usage de la jeune miss, dont la chaussure délicate, et déjà fort endommagée,
n'était en état de résister ni à l'humidité des
neiges ni, plus bas, aux aspérités du sentier.
Pendant que nous achevions nos préparatifs
de départ, il se mit à les lui ajuster lui-même,
et bientôt nous quittâmes le chalet, après
avoir éteint le feu avec de la neige.

La soirée était belle; mais quel attrayant
éclat lui donnnaient à nos yeux les heures
qui venaient de s'écouler! Combien la douce
splendeur du soir était en accord avec cette
sérénité qui succédait dans nos âmes à tant
de sinistres agitations! Nous marchions ensemble, heureux de ne plus craindre, et néanmoins unis encore par le récent souvenir
d'un commun dévouement. La jeune miss
s'appuyait sur mon bras; son père l'avait
voulu, lorsque par discrétion elle s'y refusait :
dans ses idées, c'était un égard qui m'était
dû; dans les miennes, c'était un procédé auquel j'attachais autant de prix que j'y trouvais de secret plaisir. Au bout de trois
quarts d'heure, nous fûmes hors de neiges.
« Maintenant, s'écria milord avec transport,
j'été heureuse, bien beaucoup heureuse! et

je rendé grâces à Dieu! » Puis s'adressant à moi : « Vos été mon ami, monsieur! Je n'avé pas d'autre chose que je pouvé dire à vos!... Vos, la guide, demandez à moi, et vous obtenez tute de mon gratitude et de mon affection. Vos été iune excellente, iune digne homme. J'avé mal judgé vos hier, et j'en avé iune grande remords!... Fiumez le pipe, mon ami, pour oblidger moi!

— Qu'à cela ne tienne! répondit Félisaz. Et aussitôt il se mit à l'œuvre.

Le reste de la descente fut facile, nous arrivâmes à Sixt avant la nuit. Là, l'Anglais et la jeune miss retrouvèrent leur valise et purent enfin changer de vêtements. Ils exigèrent que je soupasse avec eux, écoutant en ceci le mouvement de leur cœur bien plus que l'extrême fatigue qui devait leur faire un si grand besoin du repos. Sur la fin du souper, le guide fut appelé; milord porta un toast en son honneur, et, tout en lui glissant dans la main quelques pièces d'or, il sut lui témoigner qu'il est des services qui s'acquittent moins avec de l'argent qu'avec l'estime et une affectueuse reconnaissance.

Ce passage n'est guère connu que des contrebandiers (page 49)

LE LAC DE GERS

De Sixt on peut se rendre dans la vallée de l'Arve en franchissant une chaîne de hautes montagnes, qui s'étend entre Cluses et Sallenche. Ce passage n'est guère connu et pratiqué que des contrebandiers qui abondent dans cette contrée. Ces hommes hardis s'approvisionnent à Martigny en Valais; puis s'acheminant, chargés de poids énormes, au travers de cols inaccessibles, ils

viennent descendre dans les vallées inté-
rieures de la Savoie, pendant que les douaniers font bonne garde sur la lisière du
pays.

Les douaniers sont des hommes qui ont
un uniforme, les mains crasseuses et une
pipe à la bouche. Assis au soleil, ils fainéan-
tent jusqu'à ce que vienne à passer une
voiture, qui ne passe devant eux que par
cette raison justement qu'elle ne contient
pas trace de contrebande.

« Monsieur n'a rien à déclarer?

— Non. »

Et les voilà aussitôt, nonobstant cette réponse catégorique, qui ouvrent les valises et
fourrent les susdites mains parmi le linge
blanc, les robes de soie et les mouchoirs de
poche. L'Etat les paye pour exercer cet état.
Cela m'a toujours paru drôle.

Les contrebandiers sont des hommes armés jusqu'aux dents, et toujours disposés à
piquer d'une balle un douanier qui aurait
l'idée d'aller se promener sur le chemin qu'ils
se sont réservé pour eux. Heureusement les
douaniers qui se doutent de cette circonstance, ne se promènent pas, ou se promènent

partout ailleurs. Cela m'a toujours paru un
signe de tact chez les douaniers.

Douanes et contrebandes, deux ulcères de
nos sociétés. Les lignes de douane sont une
ceinture de vices, de libertinage, qui en-
serre un pays. Les expéditions de contrebande sont une admirable école de brigan-
dage et de crime, d'où sortent annuellement
de bons élèves que la société se charge plus
tard de loger et de nourrir à peu de frais dans
les prisons et dans les bagnes.

J'ai eu souvent affaire avec les douaniers.
Mes chemises ont eu l'honneur d'être pal-
pées sur toutes les frontières par les agents
de tous les gouvernements, absolus ou autres. Ils n'y ont rien trouvé de prohibé. A
propos de chemises, voici une histoire.
J'allais à Lyon. A Bellegarde, on fouilla nos
malles, on voulut aussi palper nos personnes,
crainte d'horlogerie; car Genève n'est
pas loin. Je me prêtai débonnairement à cette
opération; mais un officier anglais qui faisait
partie des voyageurs, s'étant fait expliquer
ce qu'on lui voulait, tira tranquillement son
couteau de sa poche et déclara qu'il couperait
en deux « la prémier, comme aussi la sé-

cond, » qui ferait mine de palper, même de loin.

Ce fut une grande rumeur. Les douaniers ne demandaient pas mieux que d'exécuter le règlement ; mais ce grand gaillard de Water-loo, avec son coutelas d'acier fin, les intimi-dait souverainement. Cependant le chef ré-pétait avec autorité : « Fouillez cet homme !'» Mais l'autre répétait avec une croissante fureur : « Véné ! et je coupé en deux la pré-mier, comme aussi la sécond, et encore la troisième avec ! » Par ce *troisième* il dési-gnait le chef.

Les choses auraient pu finir d'une manière tragique, tant était grande l'exaspération du digne gentleman, lorsque je m'avisai d'in-tervenir. « Que monsieur, dis-je, fasse pas-ser ses habits aux douaniers, et ils exécute-ront leurs ordres sans que sa dignité ait à en souffrir le moins du monde. »

A peine eus-je ainsi parlé, que l'Anglais, acquiesçant à ces conditions, ôta ses habits précipitamment, les jetant à mesure à la figure des douaniers. Il se mit nu comme la main, et je n'oublierai jamais de quel air il

coiffa le chef avec sa chemise, en disant :
« Téné ! misérable ! téné ! »

J'ai eu moins souvent affaire aux contrebandiers ; cependant j'eus quelque rapport
avec eux, le jour où je m'avisai de vouloir
passer seul de Sixt à Sallenche par les montagnes dont j'ai parlé. Je m'étais fait indiquer la route : une heure avant d'arriver au
sommet, on côtoie un petit lac nommé le
lac de Gers ; au-delà on suit une arête de
rocs qui traverse une plaine de neige glacée ;
après quoi l'on redescend vers les forêts qui
couronnent, du côté de Sallenche, la cascade
de l'Arpenas. Au bout de trois heures d'une
montée rapide, je découvris le petit lac.
C'est un étang encaissé entre des pentes
verdoyantes qui s'y reflètent en teintes som-
bres, tandis que la transparence de l'onde
laisse plonger le regard jusqu'aux mousses
éclatantes qui, au fond, tapissent le sol. Je
m'assis au bord de cette flaque, et, à l'instar
de Narcisse, je m'y regardais..... je m'y regardais manger une aile de poulet, sans que
le plaisir de contempler mon image me fît
perdre un seul coup de dent.

Outre ma personne, je voyais aussi dans

la flaque l'image renversée des cimes voisines, des forêts, de toute la belle nature enfin,
y compris deux corbeaux qui, volant au
plus haut des airs, me paraissaient, dans ce
miroir, voler au plus profond des antipodes.
Pendant que je m'amusais à considérer ce
spectacle, une tête d'homme, ou de femme,
ou de bête, tout au moins quelque chose
ayant vie, me parut avoir bougé sur le pen-
chant d'un mont. C'était celui que j'allais
gravir. Je levai subitement les yeux pour y
reconnaître l'objet lui-même, mais je ne vis
plus rien, en sorte qu'attribuant ce phéno-
mène à quelque ondulation de la surface de
l'eau, je me remis en route, bien persuadé
que je me trouvais seul dans la contrée. Toutefois, persuadé également que j'avais vu
quelque chose, je m'arrêtais de temps en
temps pour regarder de côté et d'autre, et,
quand je fus voisin de l'endroit où j'avais
cru apercevoir la tête, je fis avec précaution
le tour de quelques rocs, et je redoublai de
circonspection.

On m'avait fait, en bas, une histoire au
sujet du couloir de rochers que je gravissais
dans cet instant. C'est, je crois, l'heure de la

dire. Dix-huit contrebandiers, chargés chacun d'un sac de poudre de Berne, passaient par là. Le dernier en rang s'aperçut que son sac s'allégeait sensiblement, et il était déjà tout disposé à s'en féliciter, lorsqu'il vint à se douter ingénieusement que l'allégement avait peut-être lieu aux dépens de la charge. Ce n'était que trop vrai, une longue traînée de poudre se voyait sur la trace qu'il avait suivie. C'était une perte, mais surtout c'était un indice qui pouvait trahir la marche de la troupe et compromettre ses destinées. Il cria halte, et à ce cri les dix-sept autres s'assirent en même temps sur leurs sacs, pour boire un coup d'eau-de-vie et s'essuyer le front.

Pendant ce temps, l'autre, l'ingénieux, rebroussait jusqu'à l'origine de sa traînée de poudre. Il y atteignit au bout de deux heures de marche, et il y mit le feu avec sa pipe : c'était pour détruire l'indice. Deux minutes après, il entendit une détonation superbe, qui, se répercutant contre les parois de ces montagnes, roulant par les vallées et remontant par les gorges lui causa une surprise merveilleuse : c'étaient les dix-sept sacs qui, rejoints par la traînée, sautaient en l'air, y

compris les dix-sept pères de famille assis
dessus. Sur quoi, je remarque deux choses.

La première, c'est que cette histoire est
une vraie histoire, agréable et récréative,
suffisamment vraisemblable, prouvée par la
tradition, et par le couloir qui subsiste toujours, comme chacun peut aller s'en assurer.
Je la tiens pour aussi certaine que le passage
d'Annibal par le mont du petit Saint-Bernard.
Comment prouve-t-on le passage d'Annibal
par le petit Saint-Bernard? On commence
par vous montrer une roche blanche au pied
du mont; après quoi l'on vous démontre que
c'est celle que le Carthaginois, arrivé au
sommet, fit fondre dans du vinaigre.

La seconde chose que je remarque, c'est
que, dans cette histoire, dix-sept hommes
périssent; mais remarquez bien, il en reste
un pour porter la nouvelle. C'est là, si je ne
m'abuse, le signe, le *criterium* d'une histoire modèle; car, dans une bataille, un
désastre, une catastrophe, que peu périssent,
c'est mesquin; que tous périssent, c'est nuit
close. Mais que du beau milieu d'une immense déconfiture, un, un seul en réchappe,
et tout justement pour porter la nouvelle,

c'est l'exquis du genre et la joie de l'amateur. Et c'est pourquoi l'histoire, tant la
grecque que la romaine et la moderne, est
riche en traits tout pareils.

Il faisait fort chaud dans mon couloir; toutefois à cette élévation, la chaleur est tem-
pérée par la vivacité de l'air; d'ailleurs la
beauté du spectacle que l'on a sous les yeux
captive l'âme et fait oublier les petites incom-
modités qui, dans une plaine ingrate, parais-
sent quelquefois si intolérables. En me re-
tournant, je voyais de fort près le dôme de
glace du mont Buet... je crus voir aussi, pas
bien loin, quelque chose qui bougeait derrière les derniers sapins que j'avais dépas-
sés; j'allai m'imaginer que ce pouvait être
les pieds dont j'avais vu la tête, en sorte que
je continuai de marcher avec une croissante
circonspection.

Malheureusement je suis né très peureux;
je déteste le danger où les héros se plaisent,
dit-on; je n'aime rien tant qu'une sécurité
parfaite en tête, en queue et sur les ailes.
L'idée seule que, dans un duel, on est exposé
à voir une pointe d'épée en face de son œil
droit, a toujours suffi pour me rendre d'une

prudence grande, malgré mon naturel qui est vif; d'une susceptibilité obtuse, malgré ma fierté qui est chatouilleuse. Et ce pouvait être ici pis qu'un duel, ce pouvait être un attentat sur ma bourse ou sur ma personne, ou sur toutes les deux à la fois; ce pouvait être une catastrophe épouvantable; et personne pour en porter la nouvelle! Quand cette idée me fut venue, je n'en eus plus d'autre, et elle me domina si bien, que je finis par me cacher parmi les rochers pour observer de là ce qui se passait sur mes derrières.

J'observais depuis une demi-heure environ (c'est très fatigant d'observer), quand un homme de mauvaise mine se hasarda à sortir doucement de derrière les sapins. Il regarda longtemps dans la direction des rochers parmi lesquels j'étais caché, puis il frappa deux fois des mains. A ce signal, deux autres hommes parurent, et tous les trois, chargeant un gros sac sur leurs épaules, se mirent à monter tranquillement, en fumant leurs pipes qu'ils rallumèrent. Ils arrivèrent bientôt ainsi à l'endroit même où j'observais, tapi contre terre, et ils s'assirent sur

A ce signal, deux autres hommes parurent (page 58)

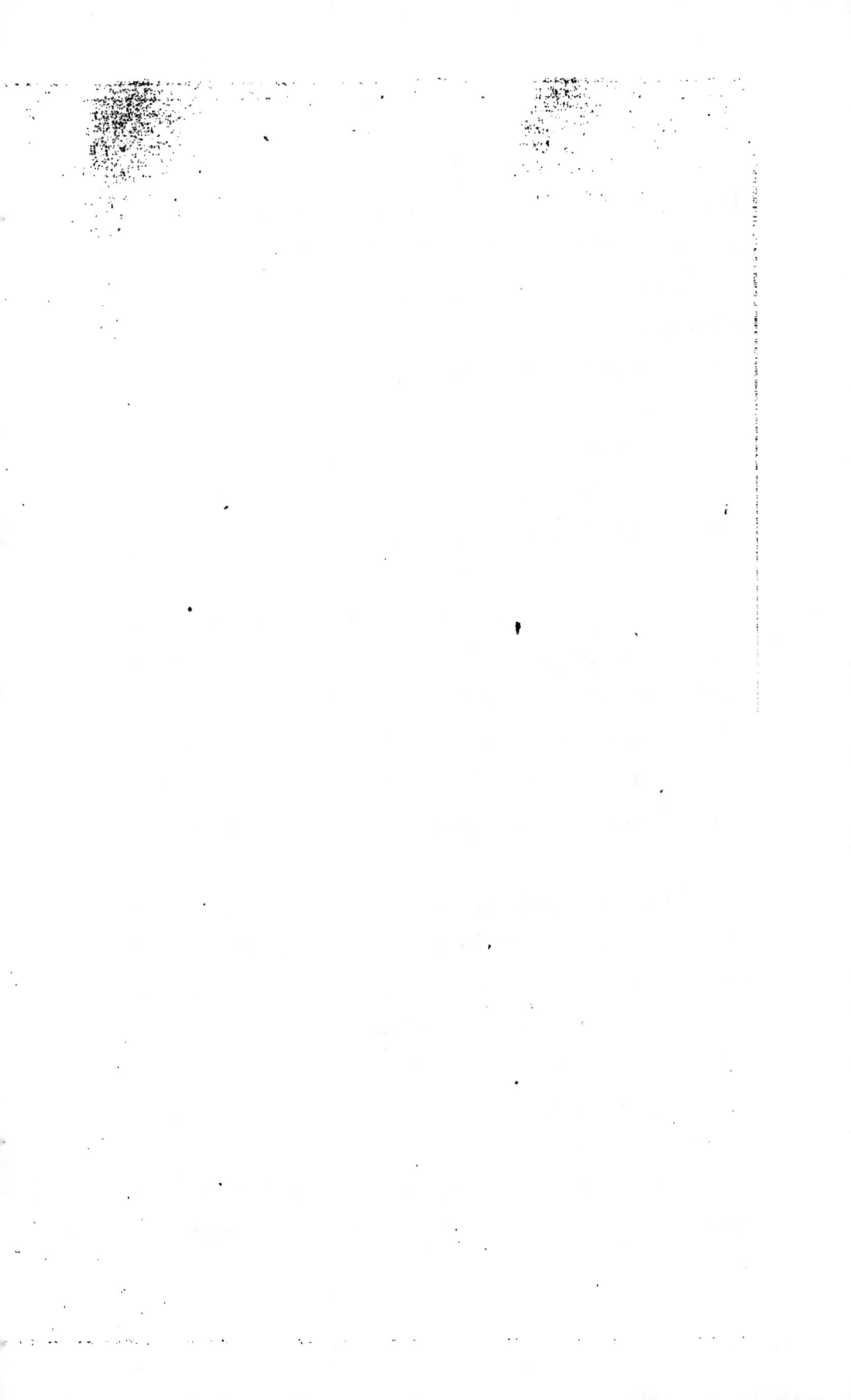

leurs sacs, précisément comme les dix-sept.
Par malheur, ils me tournaient le dos.

J'eus tout le loisir de faire mes remarques.
Ces messieurs me parurent bien armés. Ils
avaient entre eux trois une carabine et deux
pistolets, sans compter le gros sac, que mon
imagination, fidèle aux leçons de l'histoire,
ne manqua pas de remplir de poudre de
Berne. Et je frémissais déjà à l'idée de quelque traînée, lorsque l'un d'eux, s'étant levé
pour s'éloigner de quelques pas, déposa sur
son sac sa pipe toute allumée. A cette vue je
recommandai mon âme à Dieu, et j'attendis
l'explosion, tout en me serrant étroitement
contre un roc sur l'abri duquel je comptais
tout juste assez pour ne pas hurler de
frayeur.

L'homme qui venait de s'éloigner avait
gravi une hauteur d'où il jeta un regard d'observation sur la route qu'ils allaient parcourir; puis, revenant vers ses compagnons :
« On ne le voit plus, dit-il.

— Tout de même, dit l'autre, ce gueux-là
suffit pour nous vendre !

— Et je parie, interrompit le troisième,
que c'est pour cela qu'il galope en avant. Un

douanier déguisé, je vous le dis. Il s'arrêtait comme pour flairer, il regardait de ci, de là, et autre part.....

— Ah! que nous ne l'ayons pas dépêché, ni vu ni connu, dans ce petit coin propice et salutaire! Il n'y a que les morts qui ne reviennent pas.

— Aussi Jean-Jean n'est-il pas revenu, reprit le second qui avait parlé. Voici tout justement, au bas de cette rampe, le trou où a péri sa carcasse. Le malin, quand nous le prîmes, pour se donner l'air d'un particulier, venait de jeter loin sa carabine; c'est celle-ci. Son procès fut vite fait. A peine on le tint, que Lamèche l'attacha à un arbre, et Pierre l'abattit d'une balle dans la tempe, et le farceur ne lui dit qu'après : « Jean-Jean, fais ta prière! »

Un affreux rire suivit ces horribles paroles, jusqu'à ce que le même homme s'étant levé pour donner le signal du départ : « Parbleu! s'écria-t-il en m'apercevant, nous trouvons la pie au nid. Voici notre amateur! »

Les deux autres, à ces mots, se levèrent en sursaut, et je vis ou je crus voir une multitude innombrable de pistolets braqués sur ma tempe.

« Messieurs, leur dis-je, messieurs, je.... vous vous trompez... permettez... baissez d'abord ces armes... messieurs, je suis le plus honnête homme du monde (ils froncèrent le sourcil)... baissez, je vous prie, vos armes, qui pourraient partir sans votre volonté... Je suis homme de lettres... tout particulièrement étranger aux douanes... marié, père de famille... Baissez, je vous en conjure, vos armes, qui m'empêchent de recueillir mes idées. Daignez continuer votre chemin sans vous inquiéter de moi... Je me moque des douanes. Je m'intéresse même à votre métier pénible. Vous êtes d'honnêtes gens qui portez l'abondance chez les victimes d'une odieuse fiscalité. J'ai l'honneur, messieurs, de vous saluer avec respect.

— Tu es ici pour nous observer! reprit, d'un ton de Cartouche, le plus mauvais des trois.

— Du tout! du tout!... je suis ici pour...

— Pour nous observer et nous vendre. On te connaît. On t'a vu là-bas, épier, regarder...

— ... La belle nature, mes bons messieurs,
rien autre.

— La belle nature! Et ce coin où tu t'es
tapi, était-ce, dis-moi, pour cueillir des simples? Mauvais métier que celui que tu fais.
Ces montagnes sont à nous. Malheur à qui
vient nous y flairer! Fais ta prière. »

Il leva son pistolet. Je tombai par terre.
Les deux autres s'approchèrent, plutôt qu'ils
n'intervinrent, et tous les trois échangèrent
à voix basse quelques paroles à la suite desquelles l'un d'eux plaçant sans façon sa
charge sur mes épaules : « Yu! » cria-t-il.
C'est ainsi que je me trouvais faire partie
d'une expédition de contrebande. C'était
pour la première fois de ma vie; je me suis
depuis toujours arrangé pour que ce fût la
dernière.

Il paraît que mon sort venait d'être décidé
dans ce conseil secret, car ces hommes ne
s'occupaient plus de moi. Ils marchaient en
silence, portant tour à tour les deux charges
restantes. J'essayai toutefois de revenir sur
la démonstration de mon innocence, mais
leur œil exercé plaidait plus en faveur de
mon dire que ne pouvaient le faire toutes

mes assurances; ils en étaient seulement à
ne pas s'expliquer pourquoi j'avais marché
avec circonspection et regardé autour de
moi, alors que je devais encore me croire seul.
Je leur donnai la clef de ce mystère en leur
avouant l'apparition qui m'avait frappé
quand j'étais à considérer la flaque d'eau.
« C'est égal, dit le mauvais, innocent ou
non, tu peux nous vendre, marche. Voici
tout à l'heure la forêt; on t'y fera ton
affaire. »

Que l'on juge du sinistre sens que je dus
attacher à ces paroles. Aussi, durant la demi-
heure de promenade qui nous conduisit à la
forêt prochaine, j'eus le temps de me faire
une juste idée des angoisses d'un patient que
l'on conduit à l'échafaud. Elles sont, je puis
l'assurer, fort dignes de pitié. Encore avais-
je en ma faveur mon innocence d'abord, et
puis la chance de rencontrer quelqu'un, sans
compter celle qui m'était offerte de me précipiter, moi et ma charge, dans un abîme
fort convenable qui s'ouvrait à notre droite.
La première de ces chances ne se présenta
pas, je ne voulus pas de l'autre, en sorte que
nous arrivâmes sans encombre à la forêt. Là,

ces messieurs m'ôtèrent ma charge; ils me lièrent fortement à un gros mélèze, et .. et au lieu de *m'abattre*, comme ils avaient fait de Jean-Jean . « Il nous faut, me dirent-ils, vingt-quatre heures de sécurité. Tenez-vous en joie. Demain en repassant, nous vous délierons, et la reconnaissance vous rendra discret. « Après quoi, ils reprirent leur charge et me quittèrent.

Je crois que jamais la nature ne me parut belle et radieuse comme dans ce moment-là. Chose singulière! mon mélèze ne me gênait nullement. Vingt-quatre heures me semblaient une minute; ces hommes de bien, honnêtes gens, un peu brusques par nécessité, mais d'ailleurs estimables et connaissant les usages. C'est que la vie m'était réellement rendue? Aussi au bout de quelques minutes, une joie puissante succédant au trouble le plus effroyable, j'éprouvai une sorte d'anéantissement, et, quand je revins à moi, les larmes inondaient mon visage. Je n'ai pas voulu mêler au récit d'angoisses, devenues risibles par le dénoûment auquel elles aboutirent, celui des mouvements qui agitèrent mon cœur dans cette occasion;

mais pourquoi tairais-je qu'à peine délivré je rendis grâce à Dieu de toutes les forces de mon âme, et que ces larmes que je versais avec tant de douceur étaient celles de cet amour et de cette gratitude profonde qui ne peuvent être sentis que pour celui-là seulement qui tient nos jours en sa main? Je le bénis mille fois, et le premier sentiment qui succéda à ces actions de grâces fut celui du bonheur que j'éprouverais, après de si vives angoisses, à me retrouver au milieu de ma famille. J'étais tellement impatient d'aller me jeter dans ses bras, que c'est par là que je commençai à ressentir l'inconvénient d'avoir un mélèze attaché à sa personne.

Il était deux heures de l'après-midi. Je n'en avais plus que vingt-trois à attendre. Cet endroit était sauvage, tout voisin des neiges, nullement fréquenté des voyageurs. Au surplus, une personne eût paru dans ces premiers moments, que, tout pénétré encore d'un profond respect pour mes persécuteurs, qui ne pouvaient être fort éloignés, je l'eusse prié, je crois, de ne me délivrer point, de n'approcher pas. Toutefois, vers quatre heures, mon respect avait diminué en raison

directe du carré des distances, et en même
temps mon mélèze, toute figure à part, commençait à me scier le dos d'une façon étrange;
mais je n'en étais guère plus avancé, et je ne
voyais plus que le rat de la fable qui pût me
tirer de là, lorsque parut un naturel.

Ce naturel était lui-même très fabuleux
Il avait un chapeau percé, des culottes, point
de bas, et, sous le nez, une sorte de forêt
noire provenant de l'usage immodéré d'un
tabac de contrebande apparemment.

« Holà ! hé ! au secours ! brave homme, »
lui criai-je.

Au lieu d'accourir, il s'arrêta court et huma
une énorme prise.

Le paysan savoyard n'est pas cauteleux,
mais prudent. Il ne précipite rien, il n'al-
longe le bras que là où il y voit clair; et ne
se mêle d'une affaire que lorsqu'il n'aperçoit
au travers ni noise avec l'autorité, ni brouil-
lerie avec ses voisins, ni frottement quelcon-
que avec les carabiniers royaux; d'ailleurs,
le meilleur homme du monde, ce que je dis
sérieusement, et pour l'avoir éprouvé en
mainte occasion.

Mon naturel était donc le meilleur homme

du monde; mais cet homme attaché à un mélèze, ça ne lui sembla pas clair. Ce pouvait être de par l'autorité, ou de par quelqu'un, ou de par autre chose. C'est pour cela qu'avant de s'avancer il voulait me voir venir.

A la fin : « Fait un bien joli temps, me cria-t-il en souriant matoisement, et comme si j'eusse était là pour l'agrément de la promenade; bien joli!

— Venez donc me délier, au lieu de me parler de beau temps, plaisant que vous êtes !

— On vous déliera assez. Y a t-il longtemps que vous êtes là ?

— Il y a trois heures. Allons! à l'ouvrage ! »

Il fit deux pas : « C'est-il bien des méchants qui vous ont ainsi arrangé ?

— Je vous conterai tout cela. Déliez toujours. »

Il fit encore trois pas, et je crus que j'étais enfin arrivé au terme de mes tribulations, lorsqu'il se prit à dire à voix basse et d'un air mystérieux : « Dites voir, c'est-il bien des gens de la contrebande ?

— Tout juste. Vous y êtes. Ces scélérats-
là m'ont attaché dans ce bois, pour que je
meure d'ici à demain qu'ils repasseront. »

Ces mots firent un effet prodigieux sur le
naturel.

Il recula de frayeur et fit mine de me plan-
ter là. Alors, ne pouvant plus contenir ma
colère, je l'insultai, et je le traitai comme le
dernier des misérables qui ont, ou plutôt qui
n'ont pas une face humaine.

Pour lui, sans s'émouvoir de mes injures :
« On verra voir, murmurait-il en se retirant
tout doucement. On vous déliera assez !... »
Puis, doublant le pas, il disparut au tournant
du sentier. Je l'accompagnai de mes malé-
dictions.

Je ne savais que penser ni que faire. Ma
situation me semblait aggravée par ce que
j'avais dit à cet homme, qui pouvait me compromettre auprès des contrebandiers, si encore il n'était pas lui-même un affilié de la
bande. Aussi mon imagination commençait-
elle à s'assombrir singulièrement, et, sans
les ébats de deux écureils qui m'offrirent
quelque sujet de distraction, j'aurai été fort
malheureux. Ces jolis mais timides ani-

maux, se croyant seuls dans les bois, y jouaient avec cette libre aisance et cette grâce de mouvements que tue la crainte, et, et se poursuivant d'arbre en arbre, ils surprenaient par l'agilité de leurs sauts et par l'élégante gentillesse de leurs manœuvres. Comme je faisais corps avec le mélèze, l'un d'eux descendit étourdiment le long de ma personne pour escalader un arbre voisin, sur lequel l'autre le poursuivit de branche en branche jusqu'à la cime. Tout à coup ils demeurèrent immobiles, comme d'un commun accord, ce qui me fit conjecturer que, de là-haut, ils voyaient quelqu'un s'approcher.

Je ne me trompais point. Un gros homme parut, suivi du naturel à la forêt noire. Ce gros homme avait trois mentons, une face de pleine lune, l'œil petit et malheureusement très prudent, un chapeau à cornes et un habit à queue. Quand il m'eut aperçu, il se constitua en état d'observation.

« Qui êtes-vous? lui criai-je.

— Le syndic de la commune, répondit-il sans avancer d'un pas.

— Eh bien! syndic de la commune, je vous somme de me délier, ou de me faire délier par ce subalterne qui se bourre de tabac à vos côtés !

« — On vous déliera assez ! dirent-ils tous les deux en même temps... Dites voir un peu votre affaire, » ajouta le syndic.

Instruit par l'expérience, je m'étais promis de ne plus souffler mot des contrebandiers. « Mon histoire ? elle est fort simple. J'ai été attaqué et dépouillé par des brigands qui m'ont attaché à cet arbre, et je demande d'être délivré promptement.

— Ah ! voilà l'affaire ! dit le syndic. Des brigands, que vous dites ?...

— Oui, des brigands. Je passais la montagne avec un mulet qui portait ma valise. Ils m'ont volé et le mulet et la valise...

— Ah ! voilà l'affaire !

— Bien certainement que voilà l'affaire ! Et maintenant que vous êtes au fait, avancez et déliez-moi promptement. Allons !

— Voilà l'affaire ! répéta-t-il au lieu d'avancer. Dites voir ! C'est que ça va coûter beaucoup en écriture...

— Déliez-moi toujours, misérable ! Que voulez-vous donc que je fasse de vos écritures ?

— C'est que, voyez-vous, il faudra verbaliser, comme de juste.

— Vous ne verbaliserez pas. Déliez-moi toujours.

— Pas possible, mon bon monsieur. Je serais en faute. Verbaliser d'abord, et puis vous délier après. Je vas vous quérir des témoins. Il faut que j'en aie deux à même de signer leur nom. C'est du temps qu'il faut pour les avoir, vous concevez! et puis leur journée à payer, mais monsieur a les moyens... » Puis se tournant vers le naturel : « Descends voir chez la Pernette, à Maglan. Elle t'indiquera où est son homme le notaire; tu iras le quérir pour qu'il monte; après quoi, tu tires sur Saint-Martin, où tu trouves Benaîton le marguillier, qui y est, bien sûr, puisqu'il sonne aujourd'hui la noce pour le Chozet; tu lui dis qu'il monte de même. Et que le notaire apporte l'écritoire, la nôtre s'est répandue mardi à la veillée, et aussi le papier timbré. Va, mon garçon, fais diligence; avec les honnêtes gens on compte après et on n'y perd rien. Va, et en passant à Veluz, dis à Jean-Marc que sa cavale a la morve et qu'on lui a mis les feux, mais que l'automne la refera. Va.

— Qu'il aille au diable! et Jean-Marc, et sa cavale, et vous avec!... Magistrat stupide! misérables sans humanité! Ou bien tenez, déliez-moi, et je vous donne un louis d'or à chacun. »

A cette proposition, le naturel, qui s'était déjà mis en chemin, s'arrêta court en ouvrant de grands yeux de concupiscence. Mais le syndic : « Vous payerez les écritures et les frais, et vous baillerez, par après, un pourboire à volonté : s'il est fort, quiconque ne veut s'en plaindre; mais pour ce qui est d'acheter le monde par avance, vous mettriez louis d'or sur louis d'or, que ça n'y ferait rien. Savez-vous qu'on est syndic de la commune de père en fils, depuis Antoine-Baptiste, mon ancêtre, et qu'avant qu'on se donne une tare l'Arve n'aura plus d'eau? Vas-tu, toi, cria-t-il au naturel. Prenez patience, ajouta-t-il en me quittant, je vas vous quérir une chopine de rouge, qui vous veut réconforter des mieux. »

C'est ainsi que la désolante mais méritoire honnêteté de ce bonhomme fût aussi con-

Savez-vous qu'on est syndic de la commune de père en fils... (page 74)

traire que son respect pour les formes. Je
demeurai de nouveau, seul, et, cette fois,
bien certain que je ne serais délivré que le
lendemain matin; je tâchai de m'accoutumer
à cette idée. Heureusement la soirée était
chaude, et l'air d'une sérénité délicieuse.
Le soleil, déjà sur son déclin, pénétrait hori-
zontalement dans la forêt, fermée durant le
jour à ses rayons, et les troncs de mélèzes se
projetaient en longues ombres sur un sol
mousseux, tout resplendissant de teintes
jaunes et éclatantes. Quelques buses que
j'avais vues planer au-dessus de ma tête
avaient disparu; les corbeaux traversaient
en croassant la vallée de l'Arve pour gagner
leur gîte nocturne, et les cîmes elles-mêmes,
en se décolorant peu à peu, semblaient passer de l'activité de la vie au silence du sommeil. Cette paix du soir, ce spectacle de la
nature qui s'enveloppe d'ombres et s'endort
dans la nuit, exercent sur l'âme une secrète
puissance qui y éteint le trouble et les préoc-
cupations dans le charme d'une douce mélancolie. Malgré le désagrément de ma
situation, je n'échappai pas à ces impressions. Mon cœur, mollement remué, se re-

portait sur les heures de cette orageuse
journée, et, en y retrouvant la trace des angoisses du matin, il savourait avec plus de
vivacité la tranquille douceur de la soirée
et le rassérénant espoir d'une délivrance,
sinon immédiate, du moins assurée et prochaine.

Cependant, aux derniers rayons du couchant, je vis paraître sur mon horizon quelques hommes, des femmes, des enfants, tout
un village. Ces figures, placées entre le soleil
et moi, se détachaient en mouvantes sil-
houettes sur le transparent feuillage des
mélèzes inférieurs, en sorte que je ne reconnus pas d'abord parmi elles mon syndic et
sa chopine. Il s'y trouvait pourtant, et à ses
côtés, le curé, qu'amenait aussi la renommée
de mon aventure. La visite de cet ecclésias-
tique ranima mes espérances, et je m'ap-
prêtai à faire tourner au profit de ma délivrance tout ce que je pourrais trouver en lui
de vertus chrétiennes.

Ce curé était fort âgé, infirme; il montait
lentement. « Ohé! dit-il en m'apercevant;
ces scélérats vous ont vilainement emmail-
lotté, monsieur! Je vous salue. »

Le ton franc et l'air ouvert de ce bon vieillard me ravirent de joie. « Vilainement en vérité, répondis-je ; excusez-moi si par leur faute je ne puis ni m'incliner ni vous tirer mon chapeau, monsieur le curé. Puis-je vous entretenir quelques instants en particulier !

— Le plus pressé, ce me semble, c'est de vous délier, reprit-il. Vous m'entretiendrez après plus commodément. Allons, Antoine, dit-il au syndic, à l'œuvre ! et coupez-moi ces cordes, ce sera plus tôt fait. »

Je me confondis en expressions de reconnaissance, et certes elles partaient du cœur. Antoine, ayant tiré son couteau, se disposait à couper mes liens, lorsque le naturel, qui convoitait la corde et qui était jaloux de la posséder dans son intégrité, écarta le couteau et alla droit au nœud, qu'il parvint à défaire au bout de quelques instants. A peine libre, je serrai la main du curé, et, dans les premiers mouvements de ma joie, je le baisai sur les deux joues. Mais aussitôt une vive douleur se fit sentir dans tous mes membres, et, incapable de mouvoir mes jambes engourdies, je fus contraint de m'asseoir sur la

place même. Alors Antoine s'approcha avec
la chopine, pendant que le curé envoyait un
de ses paroissiens chercher sa mule pour la
mettre à mon service. Ces ordres donnés :
« Je suis prêt à vous écouter, » me dit-il. Et
tout le village, femmes, marmots, pâtres,
syndic et marguillier, firent cercle autour de
nous. Le soleil venait de se coucher.

Je contai mon histoire dans toute sa vérité.
Les circonstances atroces qui avaient accompagné la mort de Jean - Jean, pénétrèrent
d'effroi ces bonnes gens; et lorsque j'eus ré-
pété le blasphème qui avait provoqué le rire
des contrebandiers : *Jean-Jean, fais ta
prière!* tous, curé et paroissiens, se signèrent
d'un commun mouvement, au milieu d'un
respectueux silence. Emu à cette vue, et
vivement pressé de m'associer à ce naïf essor
d'un sentiment si naturel, je portai instinc-
tivement la main à mon chapeau, je me découvris... Les paroissiens parurent surpris,
le curé demeura grave et immobile, et moi...
je me trouvai déconcerté. « Continuez, continuez, » me dit le bon vieillard. J'achevai
l'histoire, sans oublier la prudence excessive

du naturel ni le louable désintéressement du syndic.

Quand j'eus achevé ce récit : « C'était bien, » dit le vieux curé. Puis s'adressant à ses paroissiens : « Vous autres, écoutez-moi. Vous tremblez devant ces scélérats, et voilà pourquoi ils osent tout; car ce sont les poltrons qui font les braves. Et ce qui est bien pis, c'est que quelques-uns profitent de leur abominable négoce. Vois-tu bien, à présent, André, où t'a conduit ton désordre de tabac, et cette brutale façon d'en consommer pardessus tes moyens? Ton nez est gorgé, et tu n'as pas de bas; passe encore de n'avoir pas de bas; mais ce tabac, tu l'achètes des fraudeurs; et puis voilà que, pour ne pas te brouiller avec eux, tu n'oses délivrer un homme en peine, comme doit faire un bon chrétien. Mais sais-tu, André, que ces brigands-là seront grillés en enfer, et tirés à quatre diables... et que je ne réponds de rien pour ceux qui les ménagent? Crois-moi, mon garçon, prends moins de tabac, et achète-le au bureau. Pour Antoine, il a cru bien faire, et, ce qui vaut mieux, il a bien fait. C'est la règle qui l'enchaîne, lui, et non pas ses appétits. »

Le bon curé, en achevant ces mots, frappa familièrement sur l'épaule d'Antoine, qui, glorieux de cette approbation donnée par-devant tout le village à sa conduite prudente et désintéressée, se rengorgea naïvement, tenant sa chopine d'une main et son chapeau à cornes de l'autre.

Pendant ces discours, la mule était arrivée. On m'aida à me hisser dessus, et je pus enfin prendre congé de mon mélèze. Nous descendîmes. Le syndic tenait la bride, le bon curé causait à mes côtés, puis venaient les paroissiens; et cette pittoresque procession marchait à la lueur d'un clair crépuscule, tantôt éparse sur les mousses de la forêt, tantôt agglomérée dans le fond d'un ravin, ou descendant à la file les contours sinueux d'un étroit sentier. Au bout d'une demi-heure, nous atteignîmes des pâturages ouverts, d'où l'on découvrait l'autre revers de la vallée de l'Arve, déjà enseveli dans une nuit profonde, et, à peu de distance de nous, quelque culture, des hêtres et la flèche penchée d'un clocher délabré. C'était le village.

Quand nous y entrâmes · « Bonsoir à tous ! dit le curé à son monde. Pour vous monsieur, je vous offre un lit et à souper. C'est jour maigre, mais j'ai vu là-haut que vous n'êtes pas catholique ; aussi nous vous restaurerons de notre mieux. Marche ! cria-t-il en approchant de la cure, apprête au plus vite un poulet, et donne-moi la clef de la cave. »

Je soupai en tête-à-tête avec cet excellent homme, qui fit maigre pendant que je dévorais le poulet. Après que nous eûmes bu la fin d'une bouteille de vin vieux qu'il avait débouchée en mon honneur, je pris congé de mon hôte pour aller goûter un repos dont j'avais grand besoin.

Le lendemain, je descendis à Maglan. Mon but avait été de visiter Chamonix, mais, après des émotions si vives et une si rude aventure, je ne me sentais plus la moindre velléité de courir le pays, en sorte que je tournai le dos aux montagnes, et je me hâtai de regagner mes foyers par le plus court chemin.

Notre mont Saint-Bernard est plutôt célèbre qu'il n'est bien connu...
(page 83)

LE GRAND S.-BERNARD

Nous étions à l'hospice du grand Saint-Bernard, les pieds contre le feu, en compagnie du prieur. Celui-ci, après maints récits provoqués par nos questions, se prit à dire : « Du reste, messieurs, notre mont Saint-Bernard est plutôt célèbre qu'il n'est bien connu...

—Et je vais vous dire pourquoi, mon père, interrompit un gros monsieur qui, assis à la

85

droite du foyer, n'avait point encore pris part
à la conversation : il est mal connu parce
qu'il a été souvent décrit. Il en est de votre
mont célèbre comme de tant d'auteurs du
jour, célèbres aussi, et que nous, public,
nous connaissons par les feuilletons, par les
biographies, par les estampes. Les feuilletons plaisantent, les biographes mentent,
les portraits flattent : le tout est faux comme
une épitaphe ! »

Ce monsieur se tut; mais moi qui suis
public aussi, moi qui ai mes idées et mes
convictions de public, je me sentis froissé
par la leste brusquerie de son propos : « Permettez, lui dis-je, les épitaphes... »

Il ne me laissa pas achever : « Les épitaphes! Voudriez-vous par hasard prendre la
défense des épitaphes? alors je vous enver-
rais promener... (je tressaillis, et mon regard, j'en suis sûr, étincela) pendant une
heure seulement au cimetière du Père-
Lachaise. Vous ne nierez pas, monsieur,
qu'il n'y ait bien quelques diables sous cette
terre. Eh bien! les épitaphes n'y signalent
que des anges.

— Possible, lui dis-je. Au surplus, l'on

conçoit que les survivants, dans l'excès de leur douleur... »

Il m'interrompit encore : « Vous êtes jeune, monsieur, vous êtes fort jeune. Il vous reste à apprendre que ce n'est jamais la douleur, mais bien le faste, la vanité ou la joie qui dictent et qui payent ces mensonges. »

Je me récriai · « La vanité, encore; mais la joie, monsieur, la joie au cimetière, sur une tombe !

— La joie, monsieur, l'allégresse, si vous aimez mieux, cette allégresse sourde, puissante, où jette la venue d'un copieux héritage... Par un sentiment d'ailleurs naturel, mais qui n'a rien de commun avec la douleur, on veut reconnaître de quelque façon le bien qui nous est fait, et l'épitaphe se présente. C'est la plus commode d'entre toutes les façons, la moins coûteuse, et, à ces causes, la plus anciennement pratiquée. Grave, grave, mon sculpteur; grave à fond, grave toujours; mets-en des vertus, mets-en encore, acquitte le tribut de... de quoi? messieurs, s'il vous plaît, si ce n'est de notre gratitude profonde envers le défunt, de notre parfaite et entière satisfaction, de notre allégresse

d'autant plus vive, d'autant plus chaude au
dedans, qu'il lui est pour l'heure interdit de
s'épandre ?...

— Il y a des monstres, repris-je indigné,
qui sont faits ainsi, mais...

— Retirez ce mot, jeune homme, et réser-
vez-le pour de plus odieuses choses. Ce qui
est misère, misère inhérente à l'humanité,
ne saurait sans injustice être dit monstrueux.
Je vous parle là de faits communs, je vous
parle d'égoïsme plutôt laid que pervers,
d'hypocrisie décente et honnête parmi les
hypocrisies; je vous parle de ce qu'ont pu
faire des monstres tels que vous et moi, par
exemple. Tout ce que je veux dire, c'est que
ces mêmes monstres, s'ils sont réellement
affligés, n'ont que faire de mausolées ni
d'épitaphes. La douleur se nourrit d'elle-
même; elle est timide, craintive, elle a ses
pudeurs; jusqu'à ces habits de deuil que lui
impose l'usage, en attirant les regards, lui
sont importuns. La douleur pleure l'être tout
entier avec ses défauts qu'elle excuse, avec
ses vertus qu'elle chérit et auxquelles elle
rend le culte secret des amers soupirs et des
larmes ignorées. La douleur, monsieur,

vraie, profonde! loin de s'étaler, elle se laisse
à peine surprendre; et si, fils ingrat, je voulais faire croire à la mienne, avant tout je me
garderais d'aller poser un marbre sur la
tombe de ma mère!... »

Ce monsieur qui parlait ainsi me déplut.
Le prieur me déplut aussi, qui témoignait se
ranger à une opinion dont l'expression me
paraissait tristement sévère, et le sens faux
et paradoxal. Pour ne pas contredire et faire
diversion : « Va pour les épitaphes, monsieur; mais nous parlions tout à l'heure de
descriptions, de biographies, de portraits
d'auteurs!...

— Je crois à tout cela comme aux épitaphes, et ce n'est pas à dire que je n'y croie
point du tout. Ecoutez donc : ces diables du
Père-Lachaise, il se peut au fond que ce fus-
sent de bons diables; à coup sûr, ils n'étaient
pas sans qualités, et l'épitaphe ment peut-
être autant par celles de leurs vertus qu'elle
omet que par celles qu'elle leur décerne... De
même, ces portraits de nos célèbres, ils ne
sont pas sans ressemblance; mais c'est pa-
reillement du beau qui est faux sur du vrai
qui est incomplet. Ce n'est pas la figure de

l'homme qu'on nous donne, c'est le visage
de l'immortel; ce n'est pas, comme jadis,
cette mesquine tête de Fénelon enfouie dans
une perruque, c'est un magnifique masque
grimé, coiffé, ébouriffé pour le public et pour
la postérité... Autrefois on laissait au public
le soin de retrouver sur la mesquine figure
l'âme qu'avaient révélée les écrits; aujour-
d'hui, c'est à ce même public de retrouver
dans les écrits l'inspiration, l'originalité,
l'*intime*, l'*humanitaire,* inscrits au visage.
Epitaphe, monsieur! Sur tous ces masques
lithographiés, burinés ou peints, je lis en
gros caractères : « Voici le plus grand des
» poëtes! Voilà le plus sublime des lyriques!
» Celui-ci fut hâve de méditation, celui-là
» creux de profondeur, cet autre bouffi de
» génie! » Epitaphe! monsieur; tout est
épitaphe!... Mais pour en revenir au grand
Saint-Bernard... »

En ce moment quelque tumulte se fit entendre dans le bas de l'hospice, du côté du
seuil, et les aboiements des chiens couvri-
rent la voix de notre gros monsieur. « Ce
sont des arrivants, » dit le prieur. Et il nous
quitta pour aller les recevoir. Nous demeu-

râmes seuls, le gros monsieur et moi, occupés chacun de notre côté à former des conjectures sur ce qui se passait, et sans plus songer aux épitaphes. Au bout de quelques instants, un monsieur entra dans la salle.

Ce monsieur était un touriste, âgé de trente ans environ, fort bien mis, très communicatif. « Je vous salue, messieurs. » Il prit un siège ; nous nous rangeâmes pour lui faire place. « Pardon, mais le feu fait plaisir quand on sort de l'avalanche.

— Une avalanche ! dit le gros monsieur.

— Dans cette saison ? ajoutai-je.

— Et puis belle, je vous en réponds : d'un quart de lieue au moins. »

Je ne compris rien à l'avalanche de ce monsieur. En effet, nous étions à la fin de juillet, dans une saison par conséquent où, les sommités voisines étant entièrement dépouillées de neige, cette neige qui n'y est pas ne saurait se précipiter en avalanche. N'osant toutefois contredire, je me bornai à prier ce monsieur de nous conter son aventure.

« Volontiers, dit-il. Nous avons quitté la cantine à six heures. (La cantine, c'est, du côté du Valais, la dernière maison habitée que l'on rencontre avant d'arriver à l'hospice.) J'avais à quinze pas devant moi une société; ce sont eux qui arrivent. Deux messieurs, une jeune fille, jolie, ma foi! mais poitrinaire. Ils l'emmènent passer l'hiver en Italie. L'un des deux hommes est son père; l'autre son fiancé, un grand Jacques tranquille, empressé comme une statue. Ces Suisses sont comme cela. Arrivés sur l'avalanche... »

Ici, j'essayai d'interrompre : « Permettez, monsieur, c'est ordinairement l'avalanche qui arrive sur vous.

— Attendez. Arrivé sur l'avalanche, je vois que la mule de cette demoiselle y enfonce jusqu'au ventre et qu'ils ne s'en tireront pas, à cause du guide qui n'entend rien à manœuvrer une bête. Alors je m'approche, j'écarte le manant, je prends la bride et je vous fais marcher la mule, il fallait voir!... Mais voici que la demoiselle s'effraye, le père se fâche, le fiancé crie, si bien que la rosse devient quinteuse, et le guide s'en mêle, qui veut m'empêcher de la rouer de coups. « Parbleu! lui dis-je, reprenez-la, votre mule, » et je lui lance la bride. Mon imbé-

cile la manque, je lui lance une taloche ; la
bête s'abat et la demoiselle roule au fond de
l'avalanche...

— Mais permettez, interrompis-je encore,
c'est ordinairement l'avalanche qui roule
sur la demoiselle...

— Attendez donc. Voilà mes deux poltrons
qui se mettent à vociférer, le guide qui jure,
la demoiselle qui crie au secours. Je les envoie à tous les diables, et n'apercevant ni
père ni chiens, je me lance dans l'avalanche,
j'arrive droit sur leur demoiselle, et, aidé du
guide, je la ramène saine et sauve sur la
chaussée. Voilà l'histoire, » dit notre touriste
en terminant. Puis s'étant pris à tousser :
« Ça enrhume, l'avalanche. Bonne nuit,
messieurs. Je vais me coucher et boire
chaud. »

Là-dessus il se retira, sans nous avoir
donné le temps de rectifier l'idée singulièrement erronée qu'il se faisait d'une avalanche.

On sait en effet qu'une avalanche c'est une
pelote de neige qui, venant à se détacher des
hauteurs, se grossit des neiges sur lesquelles
elle roule, devient en peu d'instants une

masse formidable, et, dans sa chute préci-
pitée, brise, renverse, écrase tout sur son
passage. Des circonstances accidentelles
peuvent déterminer une avalanche dans tout
endroit où la neige repose sur des pentes
rapides; mais c'est en général dans les mêmes
couloirs et aux mêmes endroits qu'elles ont
lieu chaque année, en vertu de circonstances
favorables et constantes qui leur font prendre cette route. En plein été, lorsqu'on voyage
dans les Alpes, on reconnaît fort bien ces
couloirs : ce sont de vastes pentes entièrement dégarnies d'arbres, de rocs, et au bas
desquelles sont accumulés des débris sécu-
laires que la végétation envahit et recouvre
à mesure qu'en s'amoncelant ils se servent
de remparts à eux-mêmes. Dans les hautes
vallées, où les chaleurs sont de courte durée,
les neiges qui se sont accumulées durant
l'hiver au bas de ces couloirs, n'ayant pas le
temps de fondre, y demeurent en perma-
nence, et il arrive aux gens du pays d'appeler
avalanches ces restes de l'avalanche vérita-
ble. De là la méprise de notre touriste, qui,
visitant ces vallées pour la première fois, et
la tête farcie de notions d'itinéraires, s'était

persuadé avec empressement qu'il avait eu
glorieusement affaire à ce redoutable fléau
des hautes Alpes.

J'aurais essayé de le désabuser s'il nous en
eût laissé le temps, bien que ce soit une tâche
malaisée et ingrate que de désabuser un
homme, lorsqu'il croit fermement à une
chose qui flatte son amour-propre. Quand
mon cousin Ernest se battit en duel, nous,
honnêtes témoins et bons parents, nous
avions chargé à poudre : l'adversaire ajusta.
Ernest tira en l'air ; on s'en alla déjeuner, et
l'honneur fut satisfait. Mais, quand il raconte
l'histoire, mon cousin Ernest, il prétend que
la balle effleura son oreille, il imite le siffle-
ment du projectile ; ma tante Sara frémit,
toute la compagnie frémit, et nous... nous,
honnêtes témoins et bons parents, nous sommes contraints de frémir avec la compagnie
et avec ma tante. Frémirions-nous, si ce
n'était chose ingrate et malaisée que de désabuser notre cousin ?

Le touriste venait de nous quitter lorsque
deux messieurs, qui me parurent être le père
et le fiancé, entrèrent dans la salle. Ces messieurs se mirent à table et parurent s'apprêter

à bien souper. Leur appétit me choqua et leur sécurité me déplut. Ce monsieur âgé me paraissait par trop tranquille pour un père dont la fille, déjà poitrinaire, venait de passer une demi-heure dans la neige ; et quant au fiancé, à chaque bouchée qu'il s'administrait, je m'en indignais comme d'un outrage fait à la beauté malheureuse et souffrante. Je me souviens même qu'à l'exemple du touriste je tirai de ce spectacle des inductions tout à fait défavorables à la sentimentalité suisse.

Pendant que j'étais tout occupé de mes inductions, un domestique entra dans la salle, apportant du thé sur un plateau, et tout aussitôt parut la demoiselle elle-même. C'était bien elle, car son père s'étant levé l'embrassa au front en témoignant une grande joie de la voir si promptement rétablie, tandis que ce malotru de fiancé, au lieu d'entrer en extase ou de se confondre en expressions bien senties de vif bonheur et de tendre joie, continuait de manger en disant avec l'accent le plus calme et le plus vulgaire : « Louise, assieds-toi là, et prends ton thé pendant qu'il

Ces rires doivent vous paraître déplacés (page 99)

est chaud. » Cette tranquille familiarité me faisait l'effet d'une profanation.

Cette demoiselle était effectivement fort jolie, et le danger qu'elle venait de courir rehaussait à mes yeux l'agrément de ses traits et les grâces de son visage... Seulement je ne lui trouvais ni le pudique embarras d'une fiancée que deux messieurs considèrent, ni cet air de touchante mélancolie qu'on s'attend à rencontrer chez une jeune personne frêle et menacée. Mais ce qui me déconcerta bien autrement, ce fut de surprendre sur ce visage, où je cherchais l'abattement et la tristesse, les signes visibles d'un fou rire que notre présence comprimait à peine. Ce fou rire se communiqua au fiancé d'abord, puis au père, qui, n'y pouvant plus tenir, se tourna vers nous en disant : « Pardon, messieurs, ces rires doivent vous paraître déplacés, mais ils sont irrésistibles : excusez-nous. »

Tous les trois alors, affranchis de gêne, éclatèrent de rire, pendant que nous les considérions avec l'étonnement le plus sérieux.

Je jugeai à propos de me retirer, et déjà je m'y disposais, tout en regrettant de m'être

mis en frais de compassion pour des gens au
fond si contents, lorsque le père, s'adressant
à moi : « Je veux vous mettre au fait, monsieur, de la cause de cette hilarité, qui doit
vous paraître étrange : il s'agit d'un monsieur...

— Ce monsieur qui était ici tout à l'heure?

— Précisément; le plus obligeant du
monde, mais le plus dangereux que je sache.
Nous ne l'avions jamais vu, lorsqu'il s'est
fourré dans la tête, là-bas, sous ces neiges,
que nous courions quelque grand danger
d'avalanche. Par pur dévouement alors, et
avec un imperturbable aplomb, il a écarté
notre guide, rossé notre mule et jeté ma fille
dans le ravin... »

Les rires interrompirent ce récit. En effet,
plus l'alarme avait été vive, plus, le danger
passé, ces circonstances se présentaient sous
leur côté comique à l'esprit des trois voyageurs, et excitaient en eux la gaieté dont
j'étais le témoin, et dont je fus bientôt le
complice. J'y mis le comble en apprenant
que, dans l'esprit du touriste, la jeune demoiselle passait pour poitrinaire, et son frère

pour un fiancé auquel il reprochait une pro-
saïque froideur.

Le gros monsieur, toujours assis au coin
du feu, avait écouté cet entretien sans y prendre part et sans s'associer à nos rires. A la fin
s'étant levé comme pour gagner sa chambre : « ..... Un sot, dit-il, et un de mes compatriotes, vous pouvez y compter. Il n'y a
qu'un de mes compatriotes qui réunisse à
cet heureux degré l'étourderie et l'aplomb,
la présomption et l'ignorance, et qui, plutôt
que de douter de lui-même, vous jettera dans
ce qu'il prend pour une avalanche une fraîche demoiselle qu'il prend pour une poitrinaire... Messieurs, je vous souhaite le bonsoir. »

Là-dessus, le gros monsieur prit une lumière et se retira. Bientôt après nous en
fîmes autant.

Les chambres réservées aux voyageurs à
l'hospice du grand Saint-Bernard sont de
petites cellules séparées les unes des autres
par une petite cloison de bois. Lorsque j'eus
éteint ma lumière, j'aperçus une clarté qui
se projetait sur mon lit au travers des fentes
de cette cloison. Il est rare en pareille con-

joncture, qu'une curiosité très-indiscrète,
mais très vive aussi, ne vous porte pas à
approcher votre œil de celle des fentes qui
vous paraît la plus large. C'est ce que je ne
manquai pas de faire, en prenant les plus
sages précautions pour qu'aucun bruit ne
trahît mon indiscrétion. Alors je vis, à ma
grande surprise et peut-être avec quelque
désappointement, notre touriste assis sur
son lit, le buste et la tête chaudement enve-
loppés, et qui, tenant la plume, paraissait
absorbé dans un travail de composition. A
côté de son lit, une théière fumante et un
flacon d'eau de cerises. De temps en temps il
cessait d'écrire pour relire et corriger, et toutes les nuances de satisfaction, depuis le
simple sourire de contentement jusqu'au sérieux le plus admiratif, venaient se peindre
sur son visage. Un moment il ne put résister
au désir d'écouter le flatteur murmure de sa
période, et dans le morceau qu'il se lut à lui-
même, je distinguai seulement qu'il s'agis-
sait de *molosses*, de *violettes*, et d'une jeune
personne nommée *Emma*. Je conclus que
notre touriste était un auteur, peut-être
même un voyageur de l'école d'Alexandre

Dumas qui était occupé pour le moment à rédiger les impressions, les souvenirs et les catastrophes de sa journée. Sur ce je le laissai à son travail et je m'endormis.

Le lendemain, à déjeuner, j'appris que le touriste était parti depuis une heure; de son côté le gros monsieur s'apprêtait de regagner Martigny : je m'associai donc, pour descendre à la Cité d'Aoste, aux trois personnes avec qui j'avais fait connaissance la veille d'une façon si gaie. Ces trois personnes, dans l'une desquelles le touriste avait deviné du premier coup d'œil un Suisse flegmatique, ne laissaient pas que d'être de Chambéry. Elles se rendaient à Ivrée pour y célébrer les noces de la jeune fille, promise dès longtemps par son père, aubergiste à Chambéry, au fils d'un Piémontais, aubergiste à Ivrée. Par la même occasion, le bonhomme comptait s'approvisionner en vin et en riz; puis, après avoir terminé ses affaires, rentrer en Savoie par le petit Saint-Bernard. Chemin faisant il m'expliquait toutes ces choses avec cette gaie et affectueuse bonhomie qui est naturelle aux Savoyards; et, comme j'y paraissais prendre intérêt, chemin faisant, aussi, il me priait à la noce, et sa fille, avec une aimable ingénuité, m'encourageait à leur faire l'honneur d'y assister.

Au bout de quatre heures nous arrivâmes à la Cité d'Aoste. C'était jour de foire. Sous l'ombre des ruines de l'amphithéâtre, et tout autour des antiques portes romaines, les paysans descendus des montagnes étalaient leurs denrées : ici les fromages s'élevaient en piles, là mugissaient des génisses, plus loin de timides brebis bêlaient autour des échoppes ou allaitaient leurs agneaux sous l'abri des chariots. Nos deux messieurs, à peine arrivés, s'étaient vus entourés des marchands à qui ils avaient affaire, et tout disposés déjà à me traiter comme on fait une ancienne connaissance, ils avaient abandonné à ma protection leur jeune demoiselle. L'hôtel où nous étions descendus était bruyant et encombré de monde. Pour l'en faire sortir, je lui proposai un pèlerinage à la Tour du Lépreux. Après y avoir consenti avec un joyeux empressement, et comme nous nous y acheminions déjà, elle me demanda qui était le Lépreux. Je lui promis qu'elle le saurait bientôt, et, étant entré dans

la boutique d'un libraire, j'y achetai le livre
de Xavier de Maistre. Alors nous nous diri-
geâmes vers l'agreste enclos où s'élève la
vieille tour qu'il a immortalisée; et, quand
nous l'eûmes visitée, nous allâmes chercher
dans la prairie voisine un ombrage pour nous
y asseoir et faire notre lecture.

Nous retournâmes à l'hôtel. Les deux messieurs, tout entiers à leurs affaires, s'occupaient de les terminer, afin de repartir. Je me
séparai d'eux après les avoir remerciés de
leur accueil. Quelques instants après ils
partirent. Je demeurai à Aoste.

Deux jours plus tard je passai à Ivrée,
éprouvant au milieu de cette foule un vif
sentiment de solitude, et le cœur tout rempli
d'une mélancolie que j'allai nourrir à cette
même place où nous étions assis le matin
sous les chênes.

Je visitai sans m'y arrêter : Gênes, Flo-
rence, Rome, Naples; et, quand il fallut
songer au retour, je choisis pour traverser
les Alpes le passage du Simplon.

. . . .

Arrivé à Genève l'automne suivant, j'allai,
selon mon usage, faire visite à ma tante Sara.

Plus haut, j'ai parlé d'elle à propos du duel de mon cousin. Ma tante Sara habite à la campagne : c'est, aux portes de la ville, un jardinet séparé par des murailles des jardinets voisins. Ce jardinet offre l'agrément d'une balançoire; une pompe dont l'eau ne tarit que dans les temps de sécheresse, y fournit aux arrosements; et à l'angle nord-est mon cousin Ernest a fait élever une jolie montagne, sur laquelle il a construit et peint en vert un pavillon chinois d'où la vue plane sur la maison de l'octroi et sur les fortifications de la ville.

Ma tante Sara est une excellente dame, maintenant âgée, qui n'a éprouvé durant sa vie qu'un seul malheur, celui de perdre son époux, il y a quarante ans, après trois mois d'un bonheur sans mélange, comme elle dit elle-même naïvement. Six mois après cette catastrophe, elle mit au monde un fils posthume sur lequel se concentrèrent dès lors toutes ses affections : ce fils, c'est mon cousin Ernest, qu'elle a élevé comme une mère tendre, qui fut institutrice dans sa jeunesse, élève un fils unique et, de plus, posthume. Dès le bas âge, des méthodes d'ordre, des

habitudes de bienséance, des leçons de main-
tien; plus tard, pour former le cœur, des
sentences, des quatrains, la morale en exemple, le vice puni, la vertu récompensée; plus
tard, pour former l'esprit, des règles d'ur-
banité, de conversation, et, dès la première
adolescence, des gants, une badine, un frac,
les pieds en dehors, et des manières confor-
mes; plus tard... rien. A quinze ans, mon
cousin Ernest était un homme fait, parfait,
un homme modèle, faisant la joie de sa mère,
et la joie aussi de quelques camarades rieurs
et dégourdis, dont ma tante trouvait le ton
détestable. Aujourd'hui mon cousin Ernest,
toujours unique et posthume, est en outre un
célibataire rangé, propret, qui élève des
œillets, qui arrose des tulipes, et qui va chaque jour à la ville, à huit heures en été, à
midi en hiver, pour retirer la gazette *après
lecture*, et pour échanger, chez la loueuse de
livres, le tome premier du roman que lit ma
tante contre le tome deuxième. Si les chemins
sont humides, il porte des socques; s'ils sont
poudreux, il chausse ses souliers de peau
jaune; si la pluie tombe ou si le baromètre
est menaçant, il prend place dans l'omni-

bus. Sans l'omnibus, il n'aurait jamais eu
de duel.

Chose bizarre! je suis militaire de mon
métier, assez vif de mon naturel, très cha-
touilleux sur le point d'honneur, et je n'ai
pas encore eu mon duel. Mon cousin Ernest
passe sa vie au milieu des bonnes vieilles
dames; il ne fréquente ni les salons ni les
lieux publics; il est débonnaire, il est unique, il est posthume... et le destin a voulu
qu'il eût son affaire d'honneur. C'est qu'au
fond les habitudes sont pour mon cousin
Ernest ce que sont pour d'autres les passions,
et le droit d'être en route à huit heures,
quand il a pris l'omnibus de huit heures, ce
qu'est pour d'autres mauvaises têtes le droit
imprescriptible d'entonner la *Marseillaise*
ou de fumer au nez d'une comtesse. Or, un
jour, au moment où mon cousin prend place
dans l'omnibus de huit heures, il se trouve
que, sur la prière d'un jeune étranger, le con-
ducteur vient de consentir à retarder le départ de quelques minutes, pour donner à la
dame qu'attend cet étranger le temps d'arriver. Ceci attriste mon cousin, qui entrevoit
dès lors un grand trouble apporté dans toute

l'économie de sa journée. Le quart sonne ; ceci aigrit mon cousin, qui songe que cette dame va être la cause d'une série continue d'irrégularités ricochant les unes sur les autres, et aboutissant à déplacer l'heure de son dîner, l'heure de son café, l'heure de sa sieste... Aux vingt-cinq minutes, il n'y tient plus, et se prend à grommeler : « Au diable la demoiselle ? » Aussitôt le jeune étranger lui donne son adresse, lui demande la sienne, et tout se trouve arrangé pour le lendemain à huit heures, à huit heures précises, ajoute l'étranger. Ce jour-là, mon cousin se fit attendre. Il apportait des excuses, on n'en voulait pas. Alors, honnêtes témoins et bons parents, nous fîmes le reste, et l'honneur fut satisfait.

Je reviens à la visite que je fis à ma tante Sara, l'automne dernier. Introduit dans le jardinet, je la trouvai établie dans le pavillon chinois, et faisant une lecture à quelques bonnes dames du voisinage. Il fallait que le sujet en fût touchant, car je trouvai toute cette société dans l'attendrissement, hormis pourtant mon cousin Ernest, qui, toujours unique et posthume, fumait un cigare, non-

chalamment assis sur un banc rustique, à
l'ombre d'un acacia pommelé. Après avoir
salué tout ce monde et embrassé ma tante, je
priai ces dames de ne pas interrompre leur
lecture à cause de moi, et j'allai m'asseoir et
fumer aussi sur le banc rustique, à l'ombre
de l'acacia pommelé. Ma tante lisait exacte-
ment comme lit une mère tendre qui fut institutrice dans sa jeunesse, avec une emphase
didactique, d'après les principes raisonnés,
et selon toutes les règles de l'épellation la
plus strictement régulière, en sorte que c'était
un charme de l'entendre. Après avoir replacé
ses lunettes sur son nez, elle continua sa
lecture :

« .... Cette jeune fille était une de ces
blanches figures de femme qu'entoure comme d'un voile crépusculaire une bleuâtre
auréole d'intimes tristesses. Condamnée par
le sort à subir l'autorité d'un père incapable
de comprendre les mystérieuses aspirations
d'une âme qui cherche à combler les gouffres
de son cœur et à compléter la réalisation de
son être, elle se consumait en douleurs se-
crètes et en sanglots étouffés. C'est que cette
plante, créée pour fleurir sur le radieux pen-

Cousin, quelle est donc cette plante? (page 113)

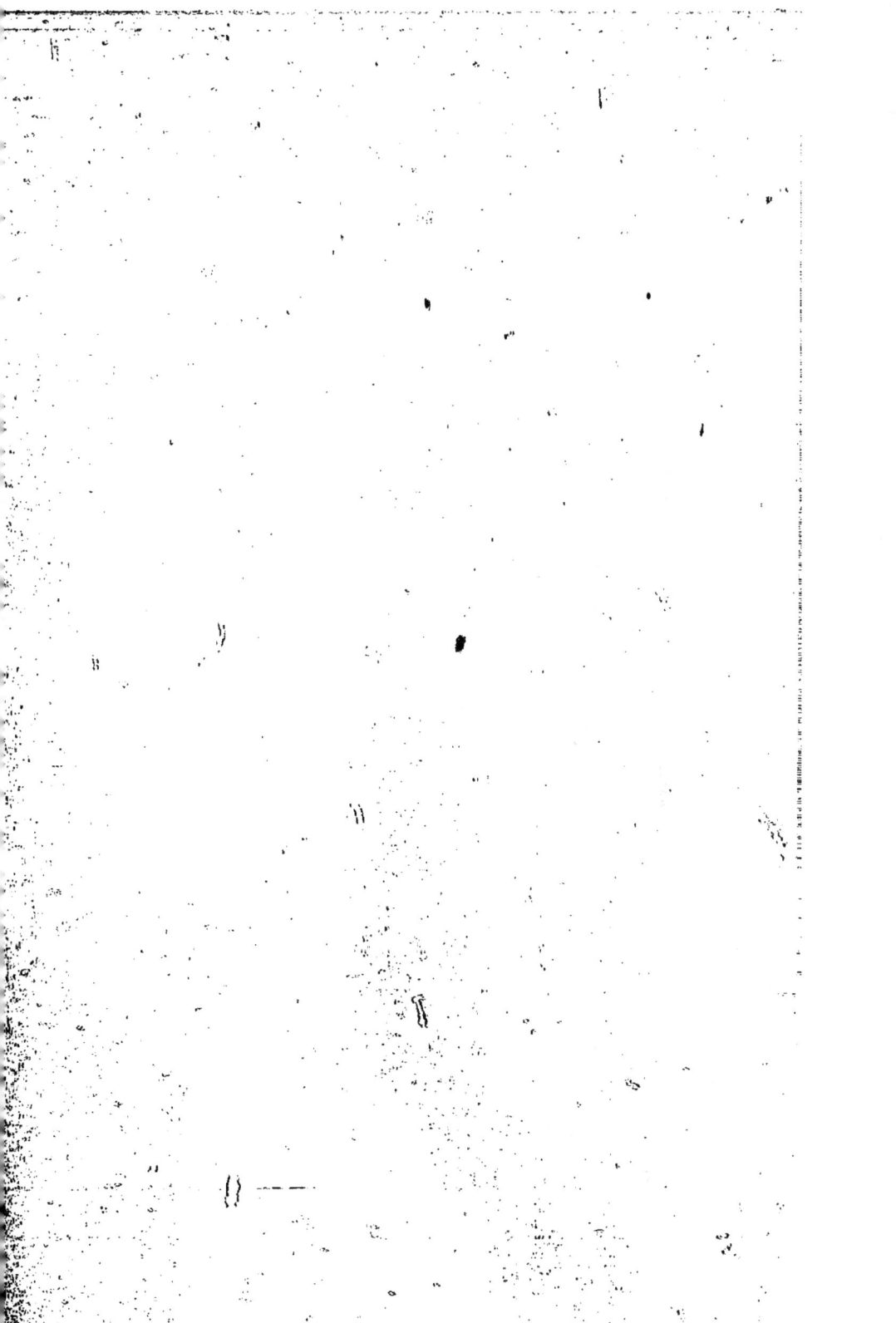

chant des Apennins, avait dû germer au
milieu des pentes froides de l'Helvétie, en
sorte que, sur le point de s'épanouir en écla-
tante corolle, le vent glacé des hauteurs la
forçait de s'emprisonner dans l'ingrate enveloppe de son pâle calice. »

« Cousin, quelle est donc cette plante?
demandai-je au célibataire posthume qui
fumait à mes côtés.

— C'est... c'est une délicieuse création de
femme. (Mon cousin était dressé à répéter les
expressions choisies de sa mère.)

— Et ce livre, quel est-il?

— Une impression de voyage.

— Pas gaie?

— Non.

— Triste?

— Très-fort. »

Et mon cousin, de qui ces questions, bien
plus que les sanglots étouffés de la blanche
figure de femme, troublaient la quiétude, se
remit à fumer d'un air qui signifiait que,
sans vouloir s'engager à écouter, il m'enga-
geait néanmoins à le laisser tranquille.

« ..... Aussi, tandis qu'elle cherchait en
vain parmi les êtres positifs dont elle était

entourée, celui qui devait ouvrir et peupler
de son amour le palais désert de son cœur,
son père (Cousin! quel est ce père? — C'est
le sien), organisation vulgaire, et l'un de ces
hommes dont la vie se dépense tout entière
en mercantiles opérations (Un négociant,
pas vrai? — Oui), son père au lieu de pro-
poser à sa tendresse quelqu'un de ces nobles
exilés qu'au jour de ses convulsions la vol-
canique Italie a lancés au-delà des Alpes
(Ciani? Mazzini? — J'ignore), quelqu'une
de ces natures riches et embrasées, telles
qu'en produit encore Naples ou la ville aux
gondoles (Venise... Hein? — Hum!) avait
jeté les yeux sur un jeune Suisse aux formes
massives, aux joues pleines et fraîches, à la
chevelure blonde, symbole blafard d'une
âme terne et sans bouillonnement. Ainsi, la
pâle fleur, sans cesse agitée par les vents
glacés, au lieu de rencontrer dans les fleurs
ses compagnes un élastique support, allait
battre du front au flanc brut de ces deux
blocs de granit qui la tuaient en voulant
l'abriter. »

Ici ma tante, qui fut institutrice dans sa
jeunesse, ne put s'empêcher de faire remar-

quer combien ce livre était délicieusement
écrit. Elle trouvait à ce style d'infinies nuances qui répondaient aux mille harmonies
d'une âme sensible, et elle insistait particu-
lièrement sur ce retour imprévu d'une com-
paraison qui jetait tant de lumière sur la
situation décolorée de l'héroïne. Les vieilles
dames, tout en partageant entièrement cette
opinion, témoignaient d'ailleurs le dédain le
plus marqué pour ces deux pauvres blocs de
granit, et l'une d'elles épousait avec une
exaltation si prononcée les douleurs de cette
femme incomprise, que je me pris à conjecturer qu'elle-même avait eu beaucoup à
souffrir de l'indifférence stupide d'un sexe
sans discernement.

« Est-elle mariée, cette dame ? demandai-
je tout bas à mon cousin.

— Non. »

Pour moi, bien que je fusse à mille lieues
de me douter encore que cette plante étiolée
était ma fraîche compagne d'Aoste, et ce
bloc, l'aubergiste de Chambéry, je m'inté-
ressais vivement à une lecture qui, sans
altérer le moins du monde la quiétude de
mon bon cousin, ébranlait à ce point la sen-

timentalité de ces dames, et provoquait de
leur part des remarques non moins délicieu-
ses que le style qui en était l'objet.

« Lorsque je les rencontrai, poursuivit ma
tante en continuant sa lecture, ils chemi-
naient du côté des plaines de l'Italie, dans le
fol espoir que les haleines les plus douces
d'un climat embaumé arrêteraient les rava-
ges de cette destinée déçue. Mais moi, de qui
l'âme comprenait cette âme, je voyais la
vierge s'acheminant comme par une allée de
cyprès vers sa fosse déjà creusée, et le poids
d'une immense douleur pesait sur mon âme
affaissée. Auprès d'elle, son blond fiancé
promenait à la lumière des cieux l'ampleur
massive de ses formes, dont aucun embrase-
ment intérieur ne venait colorer la fade fraîcheur ni tordre et saccader les mouvements
prosaïques : une épaisse stupidité de cœur
recouvrait cet homme comme une armure de
plomb, et l'approche même d'une effroyable
avalanche (ici j'écoutai à deux oreilles) ne
suffisait pas à lui inspirer les égoïstes alarmes de la frayeur la plus vulgaire.

« Cependant la nuit approchait, les noires
dentelures des cimes semblaient mordre les

nuages du soir, et les gorges du Saint-Bernard absorber, immenses gueules, les dernières lueurs du couchant. L'avalanche était
là, béante, insondable, pâle comme un linceul, avide comme une tombe ! Tout à coup
une blanche apparition s'élance, tournoie et
s'abîme dans le gouffre... C'est Emma !
(Emma!... m'écriai-je en moi-même.) Plus
prompt que l'éclair, je m'y jette sur sa trace,
je roule, je bondis, je plonge de vide en vide,
cherchant à devancer la mort qui roule à ma
poursuite, et vainqueur dans cette lutte
funèbre, j'arrive auprès de la vierge pâlis-
sante et glacée... Elle avait voulu trouver
dans ce gouffre la fin de ses tourments !
Alors je lui laissai voir que moi, l'étranger,
que moi, l'inconnu, j'avais deviné sa pensée.
Comprise enfin, pour la seule fois peut-être,
ses paupières s'ouvrirent pour laisser briller
la flamme du ravissement, et le sourire radieux, ineffable, accourut sur les violettes (!!) de ses lèvres. En même temps arri-
vaient les molosses (!!!) de l'hospice, chargés
de cordiaux, aboyant le secours et la délivrance. Du haut de la chaussée on nous ten-
dit un câble, les pères vinrent à notre ren-

contre, je remis aux hommes du ciel la victime du monde, et, après la leur avoir remise, je m'éloignai à pas désespérés ! »

Je partis d'un grand éclat de rire... Les dames se levèrent indignées, mon cousin regarda sa mère, ma tante me regarda, je regardai tout ce monde en larmes, et n'étant plus maître alors de réprimer une hilarité que ce spectacle même portait à son comble, je pris le parti de saluer la compagnie et de prendre congé, en m'excusant d'avoir causé un si grand scandale.

Tout en regagnant mon hôtel, je me ressouvins de ce gros monsieur qui disait :

Epitaphe ! tout est épitaphe !

C'étaient trois canards (page 120)

L'ENFANT TROUVÉ

Il y a des moments dans la vie où une heureuse réunion de circonstances semble fixer sur nous le bonheur. Le calme des passions, l'absence d'inquiétude, nous prédisposent à jouir; et si au contentement d'esprit vient s'unir une situation matériellement douce, embellie par d'agréables sensations, les heures coulent alors délicieusement, et le sen—

timent de l'existence se pare de ses plus riantes couleurs.

C'est précisément le cas où se trouvaient
les trois personnages que j'avais sous les
yeux. Rien au monde dans leur physionomie
qui trahit le moindre souci, le plus petit
trouble, le plus faible remords : au contraire,
on devinait, au léger rengorgement de leur
cou, ce légitime orgueil qui procède du contentement d'esprit ; la gravité de leur démar-
che annonçait le calme de leur cœur, la
moralité de leurs pensées ; et dans ce moment même où, cédant aux molles influen-
ces d'un doux soleil, ils venaient de s'endor-
mir, encore semblait-il que de leur sommeil
s'exhalât un suave parfum d'innocence et de
paix.

Pour moi (l'homme est sujet aux mauvaises pensées), depuis un moment je ma-
niais une pierre. A la fin, fortement sollicité
par un malin désir, je la lançai dans la mare,
tout à côté... Aussitôt les trois têtes sortirent
bientôt de dessous l'aile.

C'étaient trois canards ; j'oubliais de le
dire. Ils faisaient là leur sieste, tandis
qu'assis au bord de la flaque, je songeais,

presque aussi heureux que mes fidèles compagnons.

Aux champs, l'heure de midi est celle du
silence, du repos, de la rêverie. Durant que
le soleil darde à plomb ses rayons sur la
plaine, homme et animaux suspendent leur
labeur; le vent se tait, l'herbe se penche, et
les insectes seuls, animés par la chaleur,
bourdonnent à l'envi dans les airs, formant
une lointaine musique qui semble augmen-
ter le silence même.

A quoi je songeais? à toute sorte de choses,
petites, grandes, indifférentes ou charmantes
à mon cœur. J'écoutais le bruissement des
grillons; ou bien, étendu sur le dos, je regardais au firmament les métamorphoses
d'un nuage; d'autrefois, me couchant contre terre, je considérais, sur le pied d'un
saule creux; une mousse humide, toute par-
semée d'imperceptibles fleurs; je découvrais
bientôt dans ce petit monde des montagnes,
des vallées, d'ombrageux sentiers, fréquen-
tés par quelque insecte d'or, par une fourmi
diligente. A tous ces objets s'attachait dans
mon esprit une idée de mystère et de puissance qui m'élevait insensiblement de la terre

6

au ciel, et alors, la présence du Créateur se
faisant fortement sentir, mon cœur se nour-
rissait de grandes pensées.

Quelquefois, les yeux fixés sur les montagnes, je songeais à ce qui est derrière, aux
lointains pays, aux côtes sablonneuses, aux
vastes mers; et si, au milieu de ma course,
je venais à heurter quelque autre idée, je la
suivais où elle voulait me conduire, si bien
que, du bout de l'Océan, je rebroussais subitement jusque sur le pré voisin ou sur la
manche de mon habit.

Il m'arrivait aussi de tourner les yeux sur
le vieux presbytère, à cinquante pas de la
mare, derrière moi. Je n'y manquais guère
lorsque l'aiguille de l'horloge approchait de
l'heure, et qu'à chaque seconde j'attendais
de voir, au travers des vieux arceaux du
clocher, le marteau s'ébranler, noir sur l'azur
du ciel, et retomber sur l'airain. Surtout j'aimais à suivre de l'oreille le tintement sonore
que laissait après lui le dernier coup, et j'en
recueillais les ondes décroissantes, jusqu'à
ce que leur mourante harmonie s'éteignît
dans le silence des airs.

Je revenais alors au presbytère, à ses paisibles habitants, à Louise, et, laissant retomber ma tête sur mon bras, j'errais, en compagnie de mille souvenirs, dans un monde connu de mon cœur seulement.

Ces souvenirs, c'étaient les jeux, les plaisirs, les agrestes passe-temps dans lesquels s'était écoulée notre enfance. Nous avions cultivé des jardins, élevé des oiseaux, fait des feux au coin de la prairie : nous avions mené les bêtes aux champs, monté sur l'âne, abattu les noix et folâtré dans les foins; pas un cerisier du verger, pas un pêcher de ceux qui cachaient au midi le mur de la cure, qui ne se distinguât pour nous de tous ceux du monde entier par mille souvenirs que ramenait, comme les fruits, chaque saison nouvelle. J'avais (l'enfant est sujet aux mauvaises pensées), j'avais pour elle picoré les primeurs chez les notables du voisinage; pour elle encore j'avais eu des affaires avec le chien, avec le garde champêtre, avec le municipal : incorrigible tant qu'elle aima les primeurs. Dans ce temps-là, tout entier au présent, j'agissais, je courais, je grimpais; je songeais peu, je rêvais moins encore,

si ce n'est parfois, la nuit, au garde champ-
pêtre.

Mais ce jour dont je parle, ce n'était pas du
garde champêtre que j'étais occupé. Et puis,
il était mort, et son successeur, m'ayant
trouvé plus souvent solitaire au bord de la
mare qu'attentif aux primeurs, avait conçu
de moi une idée très avantageuse. Cet homme
sensé avait deviné que la préférence que je
marquais pour les arides bords de la flaque
ne pouvait provenir que d'une préoccupation
entièrement étrangère à cette préoccupation
des primeurs, que son métier était de contenir dans de justes bornes.

En effet, malgré l'ingrate aridité de ses
étroites rives, j'avais pris en affection singulière cette petite mare et son saule ébranché.
Peu à peu j'en avais fait mon domaine, sûr que
j'étais, à l'heure de midi, de n'y rencontrer
personne que les trois canards, dont la tranquille société me plaisait beaucoup, depuis
que le sentiment de leur présence s'était
associé au charme de mes rêveries.

Il faut dire aussi que, par un singulier
changement qui s'était fait en moi, j'aimais

presque mieux, depuis quelque temps, songer à Louise qu'être auprès d'elle.

Ce goût étrange m'était venu, j'ignore
comment; car nous étions les mêmes êtres
qui jusqu'alors n'avions eu d'autre instinct
que de nous chercher l'un l'autre, pour
jaser, courir et jouer ensemble. Seulement
j'avais vu quelquefois la rougeur parcourir
son visage; une timidité plus grande, un
sourire plus sérieux, un regard plus mélan-
colique, et je ne sais quelle gêne modeste,
avaient remplacé sa gaieté folle et son naïf
abandon. Ce changement mystérieux m'a-
vait beaucoup ému. Aussi, quoique je l'eusse
toujours connue, il me semblait néanmoins
que je la connusse depuis peu de temps, et
de là naissait quelque embarras dans mes
manières auprès d'elle. C'est vers cette époque que j'avais commencé à fréquenter la
mare, où, accompagné de son image, je m'oubliais des heures entières. Je m'y complaisais
surtout à rebrousser dans le passé, pour em-
bellir les souvenirs dont j'ai parlé de ce
charme tout nouveau que je trouvais en elle.
Je les reprenais un à un jusqu'aux plus lointains, et, portant dans chacun d'eux les

récentes impressions de mon cœur, je repassais avec délices par toutes les situations, si
simples pourtant, de notre vie champêtre, y
goûtant un plaisir qui me les faisait chérir
avec tendresse.

Je reçus une visite. C'était un moineau qui
vint se poser étourdiment sur le saule. J'aime
les moineaux et je les protège; c'est un rôle
héroïque pour qui vit aux champs, où tous
les détestent et conspirent contre leur scélé-
rate vie; car leur crime journalier, c'est de
manger du grain.

Celui-là, je le connaissais, et trois ou quatre autres encore, avec qui nous conspirons
à notre tour contre l'égoïsme des hommes.
Les blés étant mûrs, l'on avait planté au
milieu du champ un grand échalas, surmonté
d'un chapeau percé, qui servait de tête à des
haillons flottants; en telle sorte que les moineaux voyaient bien les épis gros et dorés,
mais, pour le grain du monde, ils n'eussent
osé toucher à un seul, sous les yeux du grave
magistrat qui en avait la garde. Il en résul-
tait que, venant à la mare, le long de la
lisière du champ, je ne manquais pas d'arra-
cher une douzaine d'épis, sans remords au-

cun, avec une secrète joie. Je les dispersais ensuite autour de moi, et je voyais, avec un plaisir que je ne puis rendre, les moineaux fondre des branches voisines sur cette modique pâture et piquer le grain presque sur ma main... Et quand au retour je repassais devant le fantôme, un léger mouvement d'orgueil effleurait mon cœur.

Le moineau, après une courte station sur le saule, fondit sur un des épis qui se trouvaient à côté des canards. Les canards sont maîtres chez eux, et trouvent inconvenants qu'un moineau les dérange. Ceux-ci, allongeant le cou d'un air colère, se dirigèrent en criant contre le léger oiseau, qui, déjà remonté dans les airs, regagnait joyeusement sa couvée, l'épi dans le bec, à la barbe du fantôme.

Mais le chant des canards..... ce ne fut point, je pense, par un mouvement d'impertinence, mais plutôt par l'effet puissant de ces lois mystérieuses qui président aux associations d'idées..... le chant un peu rauque que venaient de faire entendre mes trois compagnons porta involontairement ma pensée sur le chantre du presbytère. Ce qui

me fait croire qu'en cela je ne fus point conduit par une maligne intention, c'est que
j'aimais peu à songer à cet homme, et, le
plus que je pouvais, je l'écartais de mes souvenirs, dans lesquels il ne figurait que pour
en altérer le calme. En effet, avant tout autre, il m'avait fait connaître la peur, la honte,
la colère, la haine même et d'autres passions
mauvaises que sans lui j'eusse ignorées
longtemps encore.

Il passait pour juste, je le trouvais mé-
chant; on le disait sévère, je le trouvais
brutal; et j'avais, pour trouver cela, des
motifs qui, à la vérité, m'étaient personnels.
Par justice, il avait dénoncé plus d'une fois
mes délits notables, au garde champêtre, à
mon protecteur même, me faisant la réputa-
tion d'un incorrigible garnement. C'était par
sévérité que, joignant le geste au reproche,
il m'avait plus d'une fois fait connaître la
vigueur de son bras et l'éclat sonore de sa
large main. Voilà ce qui influençait mon
opinion. Si j'eusse vécu avec lui seul, peut-
être j'aurais pris en habitude ces procédés,
et, remarquant que presque jamais je n'étais
irrépréhensible, je les eusse regardés comme

la conséquence d'une vertueuse indignation. Mais j'avais sous les yeux d'autres exemples, et l'indulgente bonté que je rencontrais dans le cœur d'un autre homme formait un contraste qui me faisait paraître la vertu du chantre tout à fait repoussante. C'est ainsi qu'il y avait pour moi deux justices, deux vertus : l'une rigide, colère et peu aimable; l'autre indulgente, douce et digne d'être éternellement chérie.

Mais un autre grief m'animait contre le chantre, et celui-là plus profond que les autres. Depuis que j'avais grandi, il ne recourait plus aux mêmes arguments qu'autrefois; mais son humeur s'exhalait en reproches violents et en discours empreints d'une défiance qui commençait à blesser ma fierté. Je la méritais pourtant jusqu'à un certain point; car, comme il y avait à la cure un autre homme pour qui mes actions étaient sans voile, je ne me croyais point tenu de tout avouer au chantre; en sorte que, déjà absous à mes propres yeux du reproche de mensonge ou de fausseté, je mettais auprès de lui quelque malice dans mes réticences. En provoquant ainsi sa colère quelque temps auparavant, je m'étais attiré une punition cruelle. Un mot funeste lui était échappé, qui tout en me montrant chez cet homme l'intention de m'outrager, avait en même temps altéré profondément l'heureuse sécurité où j'avais vécu jusqu'alors.

Comme j'avais l'air de braver sa fureur en opposant à la violence de ses emportements la douceur patiente de mon protecteur : « Il est trop bon pour un enfant trouvé, » m'avait-il dit.

Plein de stupeur, je m'étais hâté de fuir dans un endroit solitaire pour y calmer le trouble où ces mots avaient jeté mon âme.

Depuis cette époque, je fuyais sa présence, et mes plus belles journées étaient celles où les travaux de la campagne l'appelaient à s'absenter de la cure. Alors j'éprouvais, dès le matin, une confiante sécurité qui répandait son charme sur tous mes projets, et j'oubliais jusqu'aux funestes paroles qui m'avaient tant ému.

Quelquefois aussi, songeant que cet homme était le père de Louise, je surprenais dans mon cœur une involontaire vénération pour lui, et sa rudesse même ne me semblait pas

un obstacle à l'aimer. Portant ce sentiment
plus loin encore, plus il m'inspirait d'éloignement, plus je trouvais digne d'envie de
combler la distance qui me séparait de lui
par le dévouement, le sacrifice et la tendresse, et, voyant luire au-delà des jours sans
haine, je cédais au besoin de mon cœur, et
du sein de ma solitude je chérissais cet homme redouté.

Tout en songeant au chantre, je m'étais
étendu sur le dos, après avoir placé mon
chapeau sur mon visage pour me défendre
du soleil.

J'étais dans cette position, lorsque je sentis
une légère démangeaison qui, commençant
à l'extrémité de mon pouce, cheminait lentement vers les sommités de ma main droite,
négligemment posée par terre. Quand on est
seul, tout est événement. Je m'assis pour
mieux reconnaître la cause de celui-ci.
C'était un tout petit scarabée, d'un beau
rouge moucheté de noir, de ceux que chez
nous on nomme *Pernettes*. Il s'était mis en
route pour visiter les curiosités de ma main,
et, déjà arrivé près de la première phalange,
il continuait tranquillement son voyage.

L'envie me prit aussitôt de lui faire les hon-
neurs du pays, et, le voyant hésiter en face
des obstacles que lui présentaient les replis
de la peau dans cet endroit, je saisis de l'autre main une paille que j'ajustai entre le
pouce et l'index, de manière à lui former un
beau pont. Alors, l'ayant un peu guidé en
lui fermant les passages, j'eus le bonheur
inexprimable de le voir entrer sur mon pont,
malgré la profondeur de l'abîme au fond
duquel les replis de mon pantalon, éclairés
par le soleil, devaient lui apparaître comme
les arêtes vives d'un affreux précipice. Je
n'aperçus pourtant point que la tête lui tour-
nât; mais par un malheur heureusement fort
rare, le pont vint à chavirer avec son passant. Je redoublais de précautions pour retourner le tout sans accident, et mon hôte
toucha bientôt au bord opposé, où il poursuivit sa marche jusqu'au bout de l'index
qui se trouvait noirci d'encre.

Cette tache d'encre arrêta mes regards et
ramena ma pensée sur mon protecteur.

C'était l'obscur pasteur du petit troupeau
disséminé par les champs autour du vieux
presbytère. Enfant, je l'avais appelé mon

père; plus tard, voyant que son nom n'était pas le mien, avec tout le monde je l'avais appelé M. Prévère. Mais, lorsque le mot du chantre m'eut révélé un mystère sur lequel, depuis peu seulement, je commençais à réfléchir, M. Prévère m'était apparu comme un autre homme, et avait cessé de me paraître un père pour me sembler plus encore. Dès lors, à l'affection confiante et familière que sa bonté m'avait inspirée, était venue se joindre une secrète vénération qu'accompagnait un respect plus timide. Je me peignais sans cesse cet homme pauvre, mais plein d'humanité, recueillant à lui mon berceau délaissé. Plus tard, je me le rappelais excusant mes fautes, souriant à mes plaisirs, et tantôt me donnant d'indulgentes leçons, plus souvent encore provoquant mon repentir par la tristesse de son regard et la visible peine de son cœur; en tout temps attentif à compenser par ses tendres soins l'infériorité où pouvait me placer aux yeux des autres le vice de ma naissance. En songeant que durant tant d'années il avait dédaigné d'en trahir le secret et de s'en faire un titre à ma reconnaissance, je me sentais

attendrir par les plus vifs sentiments de tendresse et d'amour.

Mais, en même temps que j'éprouvais plus
d'affection pour lui, j'étais devenu plus
timide à la lui témoigner. Plusieurs fois,
ému de reconnaissance, j'avais été sur le
point de me jeter dans ses bras, laissant à
mes pleurs et à mon trouble le soin de lui
montrer tout ce que je n'osais ou ne savais
lui dire, et toujours, la retenue que m'imposait sa présence comprimant l'essor de mes
sentiments, je restais auprès de lui, gauche,
silencieux, et en apparence plus froid qu'à
l'ordinaire. Alors aussi j'éprouvais le besoin
de m'éloigner, et, mécontent de moi, je revenais dans ma solitude. Là, j'imaginais mille
incidents d'où je pusse tirer occasion de lui
parler, et bientôt, trouvant un langage, je lui
tenais tout haut les plus tendres discours.
Mais, l'oserai-je dire? souvent, par un tour
bizarre que prenait mon imagination, j'aimais à me supposer atteint d'un mal mortel,
appelant à mon chevet cet homme vénéré; et
là, comme si l'attente d'une mort prochaine
et prématurée dût imprimer à mes paroles
un accent plus touchant et plus vrai, je lui

Enfermé dans ma chambre, j'en composais plusieurs (page 137)

demandais pardon de mes fautes passées ; je bénissais avec attendrissement ses soins, ses bienfaits ; je lui disais un dernier adieu ; et, versant dans mes discours l'émotion croissante dont j'étais pénétré, je jouissais en idée de sentir une de ses larmes se mêler à mes sanglots.

J'avais encore recours à un autre moyen tout aussi étrange, mais qui n'allait pas mieux au but. Cet homme que je voyais tous les jours, à qui je pouvais parler à chaque instant, j'avais imaginé de lui écrire des lettres, et, la première fois que cette idée me vint, elle me sembla admirable. Enfermé dans ma chambre, j'en composais plusieurs. Je choisissais ensuite celle qui me plaisait le plus, et je la mettais dans ma poche pour la remettre moi-même aussitôt que j'en trouverais l'occasion. Mais, dès que j'avais cette lettre sur moi, j'évitais le plus possible de me trouver avec M. Prévère, et, si je venais à le rencontrer seul, une vive rougeur me montait au visage, et mon premier soin, pendant qu'il me causait, était de froisser et d'anéantir au fond de ma poche cette lettre où se trouvait pourtant ce que j'aurais tant aimé lui dire.

Mais ce n'était pas à l'occasion d'une lettre semblable que, ce jour-là, je m'étais noirci le bout du doigt. Voici ce que je lui avais écrit, le matin même, sur une feuille que j'étais venu relire auprès de la mare :

« Monsieur Prévère,

» Je vous écris parce que je n'ose vous parler de ces choses. Plusieurs fois j'ai été à vous ; mais en vous voyant les mots m'ont manqué, et pourtant je voulais vous dire ce que j'ai sur le cœur.

» C'est depuis six mois, monsieur Prévère, depuis la course aux montagnes, d'où nous revînmes tard, Louise et moi. Je n'ai plus été le même, et je ne sais plus trouver de plaisir qu'à ce qui se rapporte à elle ; aussi je crains de vous avoir souvent paru distrait, négligent et peu appliqué. C'est involontaire, je vous assure, monsieur Prévère, et j'ai fait des efforts que vous ne savez pas ; mais, au milieu, cette idée me revient sans cesse, et toute sorte d'autres que je vous dirai et que vous trouverez, je crains, bien extravagantes ou blâmables. A présent que je vous ai dit cela, je sens que j'oserai vous parler si vous me questionnez.

» CHARLES. »

Je lisais et relisais cette lettre, bien déterminé à la remettre le jour même.

Un soir de l'automne précédent, nous étions partis, Louise et moi, pour visiter les deux vaches de la cure, qui passaient l'été aux chalets, à mi-côte de la montagne. Nous prîmes par les bois, jasant, folâtrant le long du sentier et nous arrêtant aux moindres choses qui se rencontraient. Dans une clairière, entre autres, nous fîmes crier l'écho; puis, à force d'entendre sa voix mystérieuse sortir des taillis, une espèce d'inquiétude nous gagna, et nous nous regardions en silence, comme si c'eût été une troisième personne avec nous dans le bois. Alors nous prîmes la fuite d'un commun mouvement, pour aller rire plus loin de notre frayeur.

Nous arrivâmes ensuite près d'un ruisseau assez rempli d'eau pour rendre le passage difficile, à pieds secs du moins. Aussitôt je proposai à Louise de la porter sur l'autre rive : je l'avais fait cent fois. Elle refusa...

et, tandis que, surpris, je la regardais, une vive rougeur se répandit sur son visage, en même temps que mille impressions confuses me faisaient rougir moi-même. C'était comme une honte jusqu'alors inconnue, qui nous porta ensemble à baisser les yeux. Je songeais à lui faire un pont de quelques grosses pierres, lorsque, ayant cru deviner à son embarras et à son geste qu'elle voulait ôter sa chaussure, je m'acheminai en avant.

J'entendis bientôt derrière moi le bruit de ses pas; mais je ne sais quelle honte m'empêchait de me retourner, en me faisant craindre de rencontrer son regard. Comme si nous eussions été d'accord, elle éluda ce moment en venant se replacer à côté de moi, et nous continuâmes à marcher sans rien dire et sans plus songer au chalet, dont nous laissâmes le sentier sur la gauche, pour en prendre un qui nous ramenait vers la cure.

Cependant la nuit s'était peu à peu étendue sur la plaine, et les étoiles brillaient au firmament; quelques bruits lointains, ou, plus près de nous, le chant monotone du coucou, se mêlaient seuls, par intervalles, au silence du soir. Dans les endroits où le taillis était peu épais, nous apercevions la lune scintillant parmi les feuilles et les branchages ; plus loin nous rentrions dans une obscurité profonde, où le sentier se distinguait à peine du sombre gazon de ses bords. Louise marchait près de moi, et, quelque frémissement s'étant fait entendre sous un buisson, elle me saisit la main comme par un mouvement involontaire. Un sentiment de courage prit aussitôt la place de l'inquiétude que je commençais à partager avec elle, et l'impression d'un plaisir tout nouveau me fit battre le cœur.

Dans la situation où nous étions, c'était comme une issue à notre gêne, et quelque chose de la douceur d'une réconciliation. Il s'y joignait aussi pour moi un charme secret, comme si elle eût eu besoin de ma protection et que j'eusse été un appui pour sa timide faiblesse. Profitant de l'obscurité qui empêchait qu'elle ne s'aperçût de ma préoccupation, je tournais sans cesse les yeux de son côté, sans être rebuté de ce que je ne pouvais la voir. Mais je sentais mieux sa présence, et je savourais avec plus de douceur les tendres sentiments dont j'étais pénétré.

C'est ainsi que nous atteignîmes la lisière du bois, où, retrouvant la voûte du ciel et la lumière de la lune, je retombai dans un autre embarras. Il me sembla qu'il n'y avait plus de motif pour que je retinsse sa main, et d'autre part je trouvais qu'il y eût eu de la froideur ou de l'affectation à retirer la mienne; en sorte que, dans ce moment, j'aurais désiré de tout mon cœur qu'elle me la retirât d'elle-même. Je tirais toute sorte d'inductions des plus insensibles mouvements de ses doigts, et les plus involontaires frémissements des miens me causaient une extrême émotion. Par le plus grand bonheur, une clôture se présenta qu'il fallait franchir. Aussitôt je quittai la main de Louise, après avoir passé par tant d'impressions aussi vives que nouvelles.

Quelques instants après nous arrivâmes à la cure.

Pendant que je relisais ma lettre, le bruit d'une croisée qui s'ouvrit à la cure me fit tourner la tête. Je vis M. Prévère qui, debout dans sa chambre, me considérait. J'anéantis aussitôt ma lettre comme j'avais fait des autres.

M. Prévère continuait de rester les bras croisés, dans une attitude de réflexion et sans m'appeler, comme il lui arrivait quelquefois, pour nous donner une leçon, à Louise et à moi. Remarquant qu'il avait mis son chapeau et l'habit avec lequel il avait accoutumé de sortir, je pris le parti de m'asseoir, dans l'espérance que je le verrais bientôt s'ôter de cette fenêtre où sa présence m'imposait une grande gêne, sans que je voulusse néanmoins la lui laisser voir en m'éloignant moi-même.

Heureusement un ami, qui souvent déjà m'avait rendu d'éminents services, vint me tirer d'embarras.

C'était Dourak, le chien de la cure. Il n'était pas beau, mais il avait une physionomie intelligente et une sorte de brusquerie vive et franche qui donnait du prix à son amitié. Sous les grands poils noirs qui hérissaient sa tête, on voyait briller deux yeux dont le regard un peu sauvage se tempérait, pour moi seul, d'une expression caressante et soumise. Du reste, haut de taille et plein de courage, il avait eu souvent des affaires, et l'automne précédent, quelques jours après notre course, il était revenu glorieusement des chalets avec tous ses moutons et une oreille de moins, ce qui lui avait valu l'estime et les compliments du hameau.

C'est lui qui vint me trouver. Je me levai comme pour le caresser, et, ayant l'air de le suivre où il voulait me conduire, j'allai chercher plus loin une autre retraite.

A quelques pas de la mare, un mur soutenait l'espèce de terrasse sur laquelle s'élevait, au milieu des tilleuls et des noyers, le paisible presbytère. Des mousses, des lichens, des milliers de plantes diverses tapissaient cette antique muraille, dont l'abord était embarrassé par une multitude d'arbres et de buissons qui croissaient en désordre dans ce coin retiré. En quelques endroits où la terre était moins profonde, l'herbe seule couvrait le sol, formant ainsi de petits enclos parmi l'ombrage et la fraîcheur.

C'est dans une de ces retraites que je vins m'établir. Le chien m'y avait précédé, flairant le terrain et faisant partir les oiseaux que recélaient ces tranquilles feuillages. Dès que je me fus assis, il vint s'accroupir en face de moi, comme pour savoir à mon air ce que nous allions faire.

C'est à quoi je songeais moi-même, lorsque je crus entendre un petit bruit à quelques pas de nous. Je me levai aussitôt, et, ayant écarté les branches flexibles qui me fermaient le passage, je vis le chantre qui faisait sa méridienne, couché contre terre.

Je le regardai quelques instants, retenu par je ne sais quelle curiosité. Je trouvais de l'intérêt à considérer, endormi et sans défiance, cet homme que j'étais habitué à voir sous un aspect tout différent. Il me semblait, à la vue de son paisible sommeil, que je sentisse mon cœur s'épurer, et l'éloignement qu'il m'inspirait se perdre dans un sentiment de respect pour son repos. Aussi me retirais-je déjà tout doucement, lorsque je fus ramené plus doucement encore par une indiscrète velléité.

Le chantre portait une jaquette de gros drap noir, ayant deux larges poches du côté extérieur. J'avais remarqué que, de l'une d'elles, sortait à moitié un papier ployé en forme de lettre. Je ne sais quel bizarre rapprochement je vins à faire dans mon esprit entre ce papier et l'attitude pensive où je venais de laisser M. Prévère; mais ce fut à

7

une idée aussi vague que se prit ma curiosité.

Je retournai donc sur mes pas, mais dès
lors avec l'émotion d'un coupable. Tremblant au plus petit bruit qui se faisait alentour, je m'arrêtais de temps en temps pour
lever les yeux en haut, comme si quelqu'un
m'eût regardé de dessus les arbres; puis je
les baissais bien vite, pour ne pas perdre de
vue le chantre. Ses cheveux noirs et courts,
les robustes formes de son cou, cette tête
dure et hâlée, appuyée sur deux grosses
mains calleuses, m'inspiraient un secret
effroi, et l'idée d'un réveil terrible épouvan-
tait mon imagination.

Cependant Dourak, trompé par mon air
d'attente et d'émotion, s'était mis à guetter
tout alentour, la patte levée et le nez au vent,
lorsque, au bruit d'un lézard qui glissait
sous des feuilles sèches, il fit un grand bond
et tomba bruyamment sur ces feuilles reten-
tissantes. Je restai immobile, tandis qu'une
sueur froide parcourait tout mon corps.

Ma frayeur avait été telle, que je me serais
éloigné immédiatement, sans une nouvelle
circonstance qui vint piquer au plus haut

degré ma curiosité. J'étais assez près du
papier pour y distinguer l'écriture de Louise.

D'ailleurs, le bruit assez fort qu'avait fait
Dourak n'ayant en aucune façon altéré le
profond sommeil du chantre, j'étais sorti de
ma peur à la fois soulagé et enhardi. Je ne
conservais plus qu'une grande indignation
contre Dourak, à qui je fis des signes muets
de colère et toutes sortes d'éloquentes gesti-
culations pour m'assurer de son silence.
Mais, m'apercevant qu'il prenait la chose au
grotesque, je finis bien vite ma harangue,
car je voyais avec une affreuse angoisse qu'il
allait faire un saut et m'aboyer au nez.

Je fis encore un pas. La lettre n'était pas
reployée entièrement, mais négligemment
froissée. Le chantre venait probablement de
la lire, ce que je reconnus à ses lunettes, qui
étaient auprès de lui sur le gazon.

Mais j'éprouvai la plus délicieuse surprise
lorsque, sur le côté extérieur, je lus ces mots,
tracés par la main de Louise : *A Monsieur
Charles*. J'eus la pensée de m'emparer de la
lettre, comme étant ma propriété, mon bien
le plus précieux; puis, réfléchissant aux con-
séquences que pourrait avoir cette démar-

che, je chancelai, et un petit mouvement nerveux que fit le chantre, à cause d'une mouche qui s'était posée à fleur de sa narine, acheva de m'ébranler. Je cherchai donc à lire dans l'intérieur de deux feuillets, tout en inspectant les mouches.

Il y en eut une, entre autres, qui me donna un mal infini. Chassée de la tempe elle revenait sur le nez, pour se poser ensuite sur le sourcil. Dourak, voyant les mouvements que je faisais pour l'éconduire, se leva, tout prêt à sauter dessus. Je laissai donc la mouche pour retourner à la lettre, tout en inspectant Dourak.

Je commençai par souffler entre les feuillets pour les écarter, et je pus ainsi entrevoir les mots qui formaient le bout des lignes. Les premiers que je lus, tout inintelligibles qu'ils étaient, me causèrent une grande surprise. C'étaient ceux-ci :... *cette lettre, vous serez déjà loin de.....*

La ligne finissait là. Je crus m'être trompé. Qui sera loin ? loin de quoi ? et je me perdais en conjectures. Espérant que les lignes suivantes me découvriraient quelque chose, je repris mon travail, mais avec moins de fruit encore ; car, le papier se présentant de biais, les fins de lignes devenaient toujours plus courtes, et la dernière ne me laissait plus voir qu'une ou deux lettres.

Je lus des mots épars, des lambeaux de phrases qui, sans m'apprendre rien de plus, me jetèrent néanmoins dans une vive anxiété.

Je m'occupai aussitôt de lire le revers intérieur de la feuille, qui m'offrait le commencement des lignes suivantes dans un espace de même forme, et je passai bientôt aux transports de la joie la plus douce que j'eusse encore ressentie. Le sens n'était pas complet, mais c'était mieux encore ; car j'en voyais assez pour suppléer librement et selon mon gré à ce qui en restait voilé.

« ..... Oui, Charles, disait-elle, je me le reproche maintenant : mais plus je m'attachais à vous, plus il me semblait qu'un invincible embarras s'opposât aux moindres signes qui eussent trahi le secret de mon cœur. Mais, mon ami, aujourd'hui que... »

A ce langage, des larmes troublèrent ma vue. Je m'arrêtai quelques instants ; puis, revenant à mon travail je pris les deux feuillets par le bout afin de les écarter et de lire plus bas...

Ici le chantre souleva brusquement la tête... Je me jetai contre terre à la renverse.

Je ne voyais plus, et la peur m'ôtait le souffle. Dourak, surpris de ma chute, vint me lécher la figure : je lui donnai sur le museau une tape qui provoqua un cri plaintif. Alors, la honte, et le trouble me suffoquant, je fis, à tout événement, semblant de dormir moi-même.

Mais, dès que j'eus fermé les yeux, je n'osai plus les rouvrir. J'apercevais bien, au silence profond qui s'était rétabli, que le chantre ne faisait plus de mouvement; mais, loin de le supposer endormi de nouveau, mon imagination me le représentait agenouillé auprès de moi, sa tête inclinée sur la mienne, et son œil soupçonneux cherchant à surprendre ma ruse dans mon regard, au moment où j'ouvrirais les paupières. Je voyais sa main levée, j'entendais son rude langage, en sorte que, fasciné par cette image menaçante, je demeurais les yeux clos, et couvrant de la plus parfaite immobilité l'agitation extrême à laquelle j'étais en proie.

A la fin, faisant un immense effort, j'en-
tr'ouvris les yeux, que je refermai bien vite;
puis, par degrés, je les ouvris tout à fait, et
je tournai la tête... Le chantre dormait de
tout son cœur, après avoir changé de position.

J'allais me relever tout doucement, lorsque, au bruit d'un char qui passait sur la
route, Dourak s'élança impétueusement
hors du taillis, en sautant par-dessus le
chantre. Je retombai bien vite dans mon profond sommeil.

Le chantre, troublé dans son repos, fit entendre un grognement indistinct et marmotta
quelques mots de gronderie contre le chien...
J'attendais mon tour. Cependant, comme sa
voix s'en allait mourant, je concevais déjà
quelque espoir, lorsque je me sentis frapper
lourdement la jambe. Je redoublai de sommeil, après avoir été secoué par un énorme
tressaut.

J'eus le temps de faire des conjectures, car
les mêmes terreurs me tenaient les yeux fer-
més. A la fin, je sentis avec épouvante que
le monstre avait une chaleur sensible; et,
l'angoisse montant à son comble, je regar-

dai... C'était la grosse main calleuse, non-chalamment étendue sur ma jambe, avec tout l'avant-bras attenant.

Cette fois, j'étais pris; pris comme à la trappe. Il n'y avait moyen de reculer ni d'avancer. Toutefois, la peur me donnant du courage et le chantre ne bougeant pas, je me mis à réfléchir avec assez de sang-froid aux ressources que pouvait encore m'offrir ma situation. J'imaginai de substituer à ma jambe quelque appui artificiel, de façon qu'après l'avoir dégagée peu à peu, je pusse m'échapper. Et déjà je m'enfuyais, en idée, à toutes jambes, lorsque, du haut de la terrasse, une voix m'appela : « Charles! » C'était celle de M. Prévère!

Au même moment, Dourak bondit par les taillis, pousse droit à moi, foule le chantre et remplit l'air de ses aboiements.

Le chantre se leva, et moi aussi. Son premier mouvement fut de porter les yeux et la main sur la poche où était la lettre; après quoi nous nous regardâmes.

« Vous ici ! s'écria-t-il.

— Charles! » appela encore une fois M. Prévère.

Dourak foule le chantre (page 152)

A cette voix, le chantre se contint, et ajouta seulement ces mots : « Allez! ça va finir. »

Je m'échappai tout tremblant.

Je fis un détour pour rejoindre M. Prévère, afin de gagner un peu de temps ; car le désordre de mes traits était tel, que je n'osais me présenter à lui. Mais il se trouva devant moi au sortir du taillis.

« C'est vous que je cherchais, Charles, me dit-il. Votre chapeau : nous irons faire une promenade ensemble. »

Ces mots m'embarrassèrent beaucoup, car mon chapeau était resté auprès du chantre ; et, à peine délivré de son terrible regard, je redoutais horriblement de m'y exposer de nouveau. Néanmoins ne voulant pas paraître hésiter, je rentrai dans le taillis ; mais la surprise et l'émotion me firent chanceler, quand je vis, sous les arbres, le chantre qui nous observait silencieusement au travers du feuillage. Il s'approcha de moi, et me présentant mon chapeau : « Le voici, dit-il à voix basse ; prenez, et allez. »

Je pris et j'allai, encore plus déconcerté par ce ton inaccoutumé de modération, qu'accompagnait un regard sans colère.

Je rejoignis M. Prévère, et nous nous éloignâmes. Pendant que je marchais à ses côtés, mon trouble se dissipait peu à peu; mais, à mesure que le calme renaissait dans mon âme, une inquiétude d'un autre genre commençait à y poindre. L'air du chantre, la tristesse de M. Prévère, cette promenade inattendue, toutes ces choses présentes à la fois à mon esprit s'y liaient ensemble d'une façon mystérieuse, et une attente sinistre suspendait ma pensée, impatiente de se reporter sur la lettre de Louise.

M. Prévère continuait à marcher en silence. A la fin, je jetai furtivement les yeux sur sa figure, et je crus y surprendre une espèce d'embarras. Le subit effet de cette remarque fut de m'ôter celui qui m'était ordinaire auprès de lui, et je conçus l'espoir de lui parler cette fois selon le gré de mon cœur. L'idée que cet homme, si digne d'être heureux, portait en lui quelque secret chagrin, achevait de m'enhardir, par la pensée que peut-être il ne dédaignerait pas de le partager ave moi.

«Si vous aviez quelque peine, M. Prévère,

lui dis-je en rougissant, est-ce que vous ne
me jugeriez pas digne de la partager?

« — Oui, Charles, me répondit-il, j'ai une
peine, je vous la confierai ; et je vous crois si
digne de la connaître que je fonde, ma con-
solation, sur la manière dont vous la suppor-
terez vous-même. Mais allons plus loin, »
ajouta-t-il.

Ces mots me troublèrent, et mille conjectures se croisèrent dans mon esprit. Néanmoins, un sentiment d'orgueil se mêlait à ce
trouble ; car les paroles confiantes de M. Prévère me relevaient dans ma propre estime.

Arrivés vers le pied de la montagne,
M. Prévère s'arrêta. « Restons ici, dit-il, nous
y serons seuls. »

C'était une espèce d'enceinte formée par
les parois d'une carrière anciennement ex-
ploitée, où quelques noyers formaient un
bel ombrage. De là on découvrait de lointaines campagnes, tantôt unies et divisées
par d'innombrables clôtures, tantôt mon-
tueuses et couvertes de bois, et sillonnées
par le cours du Rhône. De loin en loin quelques clochers marquaient la place des hameaux, et, plus près de nous, les troupeaux

épars paissaient dans les champs. C'est là
que nous nous assîmes.

« Charles, me dit M. Prévère avec calme,
si vous avez quelquefois réfléchi sur votre
âge, vous serez moins surpris de ce que j'ai
à vous dire. Votre enfance est finie, et de
l'emploi que vous allez faire de votre jeunesse dépendra votre carrière future. Il faut
maintenant que votre caractère se développe
par la connaissance du monde, par vos rap-
ports avec vos semblables; il faut que des
études nouvelles étendent votre savoir, per-
fectionnent vos facultés, afin que peu à peu,
selon vos efforts, vos talents et votre hono-
rable conduite, vous entriez dans la place
que la Providence vous aura assignée ici-
bas... Mais, mon ami, ce n'est plus dans ces
humbles campagnes... »

Je le regardai avec effroi.

« ..... Ce n'est plus auprès de moi, Charles, que vous pourriez désormais trouver ces
ressources nouvelles... Il faudra nous quitter. »

Ici M. Prévère, dont ces derniers mots
avaient altéré la voix, s'arrêta quelques instants, pendant que livré à mille combats

intérieurs, je restais immobile. Il reprit
bientôt :

« ..... Les devoirs qui me retiennent ici
m'empêcheront de vous accompagner et de
diriger vos premiers pas dans le monde,
comme je l'aurais désiré. Mais peut-être
sera-ce un bien pour vous, Charles, que de
tomber dans des mains plus capables, au
sortir de mes mains trop amies. Là où les
lumières et la force me manqueraient, un
autre saura les employer pour votre bonheur;
et je jouirai de ce qu'il aura pu faire, sans lui
reprocher ce que je n'aurais pas su faire moi-
même. Cet homme, que vous apprendrez à
vénérer, c'est un de mes amis; il habite
Genève, ma patrie, et il vous recevra dans sa
maison. Vous y trouverez l'exemple de bien
des choses bonnes et vertueuses que vous ne
trouveriez pas ici, où la vie plus simple et
plus passive des champs peut laisser inac-
tives les plus nobles qualités de l'âme. Ce
n'est pas sans un grand effort, mon bon ami,
que je me sépare de vous; mais, ainsi que je
vous l'ai dit, mon chagrin sera moins grand
si vous reconnaissez comme moi la nécessité
de cette séparation. Ne vous abusez pas vous-

même; voyez au-delà de vos désirs, de vos penchants, et n'oubliez jamais que nous aurons un jour à répondre de ce que nous n'aurons pas fait, selon notre place et nos moyens, pour notre perfectionnement et pour le bien de nos semblables. »

Pendant que M. Prévère parlait, le regret, l'espoir déçu avaient serré mon cœur, jusqu'à ce que la modestie de ses expressions et la noblesse de ses dernières paroles vinssent l'attendrir; mais j'étais incapable de lui rien dire, et je comprimais en silence les larmes qui se pressaient à mes yeux fixés sur la terre. Il vit mon trouble et continua :

« ..... C'est d'ailleurs quelques années seulement, Charles, après lesquelles vous choisirez vous-même votre carrière. Libre à vous alors, après que vous aurez essayé vos forces, de voir si vous préférez aux situations plus brillantes que peut vous offrir la ville une vie simple et obscure comme celle où vous me voyez. Je l'espère, la Providence nous rapprochera plus tard l'un de l'autre, et, si jamais elle inclinait votre cœur vers la même carrière où je suis engagé, ce petit troupeau, où vous êtes aimé, pourrait passer un jour de mes mains dans les vôtres. »

Ces derniers mots firent briller dans mon cœur un vif éclair de joie. Je crus entrevoir mon vœu le plus cher caché sous les paroles de M. Prévère : et aussitôt à mon abattement succédèrent les transports d'un énergique courage. Une ambition nouvelle m'enflammait ; l'absence, l'étude, les privations me paraissaient légères, désirables, si c'était pour me rendre digne de Louise, revenir auprès d'elle et lui consacrer ma vie.

« M. Prévère, lui dis-je alors, enhardi par cette idée, si je vous ai bien compris, vos paroles vont au-devant de mes plus chers désirs ; mais pensez-vous bien que je puisse faire ces choses avec l'espérance que Louise partage un jour mon sort et que nous vivions auprès de vous ? Oh ! M. Prévère, si je savais que ce dût être là le terme de mes efforts, que me coûteraient quelques années pour y arriver et qu'appellerais-je sacrifice ce qui serait dès aujourd'hui une espérance pleine de charme et de bonheur ?... »

Pendant que j'achevais ces mots, je vis un nuage de tristesse se répandre sur le front de M. Prévère, et qu'une pénible réponse avait

peine à sortir de ses lèvres. Après un moment
d'hésitation : « Non, me dit-il avec un regard
de compatissante douleur, non, Charles, je
ne dois pas vous abuser. Il faut chasser ces
pensées... Prenez courage, mon enfant...
Louise aussi vous le dirait avec moi. Voudriez-vous qu'elle eût à choisir entre vous et
l'obéissance qu'elle doit à son père?...

— Son père!... » Et aussitôt une affreuse
lueur vint m'éclairer. Je m'expliquai tout à
la fois et la tristesse de M. Prévère, et l'air du
chantre, et la lettre tout entière, et comment
cet homme soupçonneux m'avait ravi jusqu'aux consolations que sa fille me préparait
à l'avance. « Son père! repris-je avec amertume, ah! cet homme m'a toujours haï!

— Charles, interrompit M. Prévère, res-
pectons sa volonté; ses droits sont sacrés.
Surtout gardons-nous, mon bon ami, d'être
injustes par passion, en lui prêtant des sentiments qui sont loin de son cœur. Ne son-
dons point ses motifs; ils peuvent être mal
fondés, sans cesser d'être légitimes. »

A ce trait de lumière : « Je les sais! m'écriai-
je, je les sais!... Ah! M. Prévère! ah! mon
bienfaiteur, mon père, mon seul ami sur la

terre !... Je suis un enfant trouvé ! » Et tom-
bant à genoux, je cachais dans ses deux
mains mes sanglots et mon désordre. Je
sentis bientôt ses larmes se confondre avec
les miennes et quelque douceur se mêler à
mon désespoir.

Nous demeurâmes longtemps en silence.
A mon agitation avait succédé une tristesse
plus calme, et la vue de M. Prévère achevait
de détourner mes pensées de dessus moi.

Une émotion profonde était empreinte sur
sa belle figure, et l'on y lisait une peine assez
violente pour dominer cette âme, pourtant
si forte sur elle-même, malgré son angélique
douceur. Il semblait que mes paroles lui
eussent enlevé le fruit de ses constants efforts
à écarter de mes jeunes ans jusqu'à l'ombre
de l'humiliation, et que, atterré sous cette
révélation soudaine, il déplorât avec une
poignante amertume le sort d'un jeune
homme auquel son humanité et cette tendresse qui naît de la pratique des vertus
difficiles l'avaient affectionné dès longtemps.
Je me souvins que, tout à l'heure encore, il
avait voulu, au prix même de la franchise
qu'il chérissait, éluder ce danger en compo-

sant ses discours ; j'y vis la cause de son embarras, et reconnaissant que moi-même
j'avais provoqué par mes impétueuses paroles la douleur sous laquelle je le voyais
brisé, je fus ému d'une pitié profonde :
« M. Prévère, lui dis-je alors dans toute la
chaleur de mon mouvement, M. Prévère,
pardonnez-moi ! Dans l'unique occasion où
je pouvais vous montrer mon dévouement,
j'ai failli. Pardonnez-moi ! Je vous prouverai
mon repentir par ma conduite. Je m'effor-
cerai de profiter des avantages que vous
mettez à ma portée... J'aimerai votre ami,
M. Prévère... Tous les jours je bénirai Dieu
de m'avoir mis sous votre garde... de m'avoir
fait le plus heureux des enfants... Je tâcherai
d'oublier Louise... d'aimer son père... Je
veux partir ce soir ! »

Pendant que je parlais ainsi, mon protecteur passait par degré à une douleur moins
amère, et un faible rayon de joie brillait
parmi les larmes de sa paupière. Sur ses
joues pâles, la rougeur d'une humble modestie accueillait mes accents de reconnaissance, et, quand l'émotion m'eut coupé la
voix, il prit ma main et la serra avec une

étreinte de sensibilité où perçaient l'estime et quelque contentement. Puis nous nous levâmes en silence et nous reprîmes tristement le chemin de la cure.

J'aurais voulu rencontrer Louise ; nous ne la vîmes point. Le chantre ne se montra pas, la cour était solitaire. Je compris que, seul, j'avais ignoré ce qui m'attendait, et je montai dans ma chambre pour faire un paquet de quelques hardes ; le reste devait me parvenir ensuite.

J'ôtai de la muraille où je l'avais suspendu un petit dessin de Louise, qu'elle m'avait laissé prendre quelques jours auparavant. Il représentait la mare et ses alentours, avec le saule et le fantôme. Je le ployai soigneusement en deux, pour qu'il pût entrer dans la Bible que M. Prévère m'avait donnée lors de ma première communion. Ces deux objets me rappelleraient tout ce que j'aimais sur la terre.

M. Prévère entra. Nous étions si émus l'un et l'autre, que nous retardions, comme d'un commun accord, le moment de nous dire adieu, prolongeant le temps en discours indifférents. A la fin, il me remit quelque chose de ployé dans du papier : c'étaient deux louis d'or et quelque monnaie. Alors il ouvrit ses bras, et, confondant nos larmes, nous restâmes unis dans un long embrassement.

Il était environ sept heures lorsque je quittai la cure, par une soirée dont l'éclat radieux ajoutait à ma tristesse. En passant près de la mare, j'y jetai les yeux, elle me sembla aride et morte; seulement je regardai avec quelque envie les trois canards qui se récréaient au soleil du soir sur cette glèbe, où ils étaient sûrs de demeurer heureux et paisibles; et, songeant aux heures si douces que j'avais passées dans leur société, je m'éloignai d'eux avec un vif regret. Bientôt après, je rejoignais la route.

C'est seulement alors que je me sentis hors de la cure, et seul au monde. Un passif abattement ne tarda pas à succéder aux émotions bien moins amères du regret et de la douleur. Dépouillé de mes souvenirs, de mes espérances, de tous les objets auxquels jusqu'alors s'était liée ma vie, je m'acheminais vers un monde nouveau, vers une ville populeuse; et tel était l'état de mon cœur, que j'eusse préféré mille fois m'avancer vers les plus arides solitudes. Nulle vie ne s'y faisait plus sentir. Tout lui était fermé en arrière; en avant, tout lui était odieux. Autour de moi, les objets inanimés euxmêmes, les haies, les prés, les clôtures que je dépassais, avaient changé d'apparence, et, loin d'en regretter la vue, je hâtais mes pas, dans l'espérance d'éprouver moins de malaise quand le pays me serait moins familier. Il me fallait traverser le hameau; mais, à la vue de quelques paysans qui goûtaient la fraîcheur du soir devant leurs maisons, je pris un sentier qui rejoignait la route au-delà du village, et je dépassai l'âne de la cure, qui paissait dans un pré.

Néanmoins, l'éclat de la soirée, les feintes animées du paysage dans cette saison de l'année, et la vue de ce vieux serviteur, qui tant de fois avait porté Louise sous ma conduite, agissant ensemble sur mon imagination, vinrent y remuer d'anciennes impressions et combler peu à peu le vide que j'éprouvais par des réminiscences vagues d'abord et lointaines, ensuite plus récentes et plus vives. Bientôt j'atteignis au matin de

cette journée, aux rêveries de la mare, à
M. Prévère, au chantre, à cette lettre enfin
où Louise avait tracé l'aveu de son cœur. Au
seul souvenir de ces lignes, je tressaillais de
joie : pour quelques instants, il me semblait
que je fusse encore heureux; et j'oubliais
que chaque pas m'éloignait de cette jeune
fille, en qui avait passé ma vie.

J'étais arrivé au sommet d'un coteau.
Avant de descendre sur le revers, je jetai encore une fois les yeux sur la cure, que j'allais
perdre de vue. Le soleil, près de se coucher,
dorait d'une lisière de pourpre la crête des
tilleuls et le sommet des vieilles ogives du
presbytère, tandis qu'une ombre bleuâtre
couvrait de ses teintes tranquilles le vallon
qui me séparait de ces lieux. A la fraîcheur
du soir, l'herbe redressait sa tige, les insectes
se taisaient, et déjà quelques oiseaux de nuit
voltigeaient autour des obscurs taillis. Dans
le lointain, quelques chants isolés, le mugis-
sement d'une vache, le bruit d'un chariot,
annonçant la fin des travaux du jour, semblaient préluder doucement au repos des
campagnes et préparer le majestueux silence
de la nuit. Insensiblement la clarté du jour

se retira de ces douces vallées, et les riantes couleurs des prairies s'éteignirent dans un pâle crépuscule. A ce spectacle, j'avais senti mon cœur s'émouvoir, et je m'étais assis au bord du chemin. Sur le point de m'éloigner, comme si chacune d'elles eût eu un langage qui me parlât du passé et qui endormît ma peine dans le vague d'une attendrissante mélancolie.

En ce moment, l'horloge de la cure sonna huit heures. Ce son si connu, me surprenant dans la disposition où j'étais, acheva de transporter mon imagination autour du presbytère. Je me sentis comme présent au milieu d'eux, à cette heure où d'ordinaire, assis sur l'antique terrasse, nous passions les belles soirées d'été, tantôt en paisibles entretiens qu'ennoblissait toujours la conversation simple et élevée de M. Prévère, tantôt recueillis en face de l'imposante profondeur des cieux. J'aimais surtout ces moments depuis qu'un nouveau sentiment avait donné du sérieux à ma pensée, et que souvent s'y rencontraient, par des sentiers mystérieux, l'image d'un Dieu plein de bonté et celle d'une jeune fille d'une pureté céleste. A cette

8

heure aussi, l'obscurité voilant l'expression
des visages, notre mutuelle timidité se chan-
geait en des manières plus aisées, et si le
moment où l'on allait s'asseoir sur le banc
nous trouvait à côté l'un de l'autre, la nuit
ne trahissait ni notre honte ni notre plaisir.
Alors je sentais contre ma main les plis de sa
robe, quelquefois le souffle de ses lèvres
arrivait jusqu'à mes joues, et je n'imaginais
pas qu'il pût y avoir une plus grande félicité
sur la terre.

Un chariot, que j'entendais monter sur le
revers du coteau, vint me distraire de ma
rêverie; et, songeant aussitôt à l'heure avan-
cée, je me levai pour reprendre ma route. A
peine avais-je perdu de vue la cure depuis
quelques instants, que mon cœur commença
à se gonfler de tristesse. Je dépassai le chariot, mais lorsque, m'étant retourné, je le vis
qui allait aussi disparaître derrière le coteau
et me laisser seul, mes larmes coulèrent.
J'entrai dans un pré, et, m'étant jeté sur
l'herbe, mes regrets éclatèrent en bouillants
sanglots. A l'image de Louise, qui m'était
ôtée pour toujours, je poussais des accents
confus de douleur : « Ah! Louise, murmu-

Le chantre s'était d'abord arrêté sous la fenêtre (page 175)

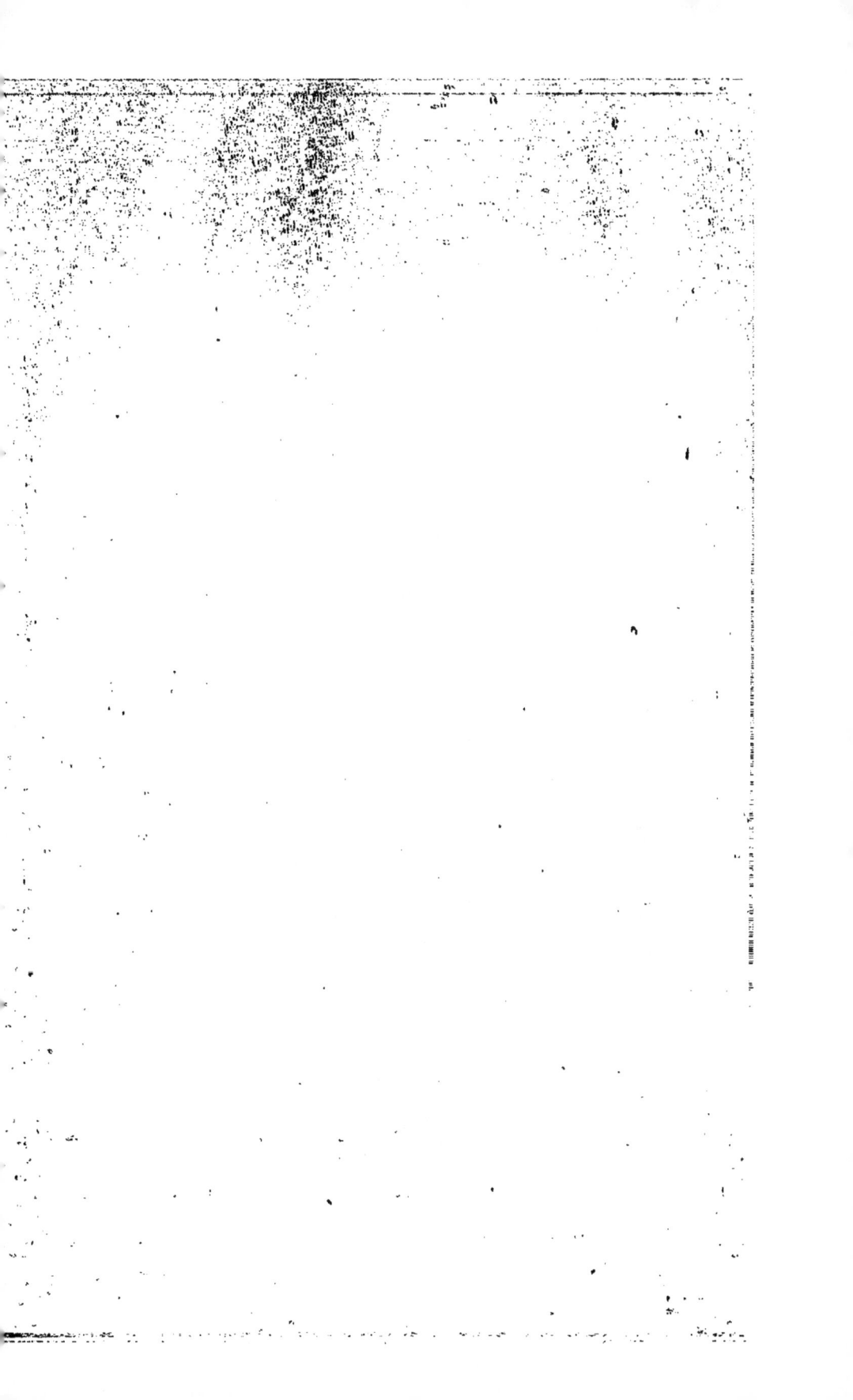

rais je avec désespoir, Louise... vous qui
m'aimiez, Louise!... pourquoi vous ai-je
connue?... Et vous, M. Prévère!... » Puis,
restant quelque temps dans le silence, des
projets extravagants se présentaient à mon
esprit, qui suspendaient mes pleurs jusqu'à
ce qu'ils vinssent échouer contre l'insur-
montable obstacle de mon respect pour ceux
mêmes qui en étaient l'objet.

Quand je me relevai, la nuit couvrait depuis longtemps la campagne, et l'on n'en-
tendait plus que le bruit lointain de la
rivière. Deux heues me restaient à faire
avant d'arriver au village où M. Prévère
m'avait adressé, pour y coucher ce soir-là
chez un de ses amis. Je ne trouvais personne
debout, il faudrait faire lever les gens, et
l'idée de voir du monde m'était insuppor-
table. Je commençais à entrevoir que je pouvais passer la nuit dans l'endroit où j'étais.
Le lendemain, qui était un dimanche, je par-
tirais avant le jour, et j'arriverais le soir à la
ville sans avoir eu à converser avec personne
qu'avec moi-même. Ce projet, qui séduisait
ma tristesse, fut bientôt arrêté, et je marchai
vers la haie pour m'y choisir un abri.

Mais, pendant que je cherchais ainsi mon gîte, la pensée de me rapprocher de la cure se présenta à mon esprit. L'idée qu'en agissant ainsi je tromperais M. Prévère m'y fit d'abord renoncer. Néanmoins je revins machinalement sur le chemin, où je rebroussai lentement jusqu'au sommet du coteau. Là, je commençai à composer avec moi-même, tout en avançant toujours ; et, bien que le remords et la crainte me pressassent à chaque instant de m'arrêter, j'ajoutais sans cesse un pas au pas précédent. Je me retrouvai enfin près de la mare.

Que tout était changé! Loin de trouver dans ces lieux les illusions que j'y cherchais pour quelques instants encore, je n'éprouvais que l'amère impression de m'y sentir désormais étranger. Tout était froid, désenchanté, et les objets qui autrefois me causaient le plus de plaisir à voir étaient justement ceux qui, dans ce moment, blessaient le plus mes regards. Je me décidai de nouveau à m'éloigner, ne sachant plus que faire de moi-même.

J'avais déjà rebroussé de quelques pas, lorsque je vis une pâle lueur qui éclairait le

feuillage des tilleuls. Je m'approchai tout
doucement, et je reconnus que la lumière
partait de la chambre de Louise. Je restai
immobile, les yeux fixés sur la modeste
boiserie où se projetait son ombre, tandis
qu'au sentiment de sa présence tout repre-
nait vie autour et au dedans de moi.

Dans ce moment, j'entendis s'ouvrir une
porte dans la cour, et aussitôt après parut le
chantre, une lumière à la main. Je voulus
fuir; mais, l'épouvante m'en ôtant la force,
je ne pus que me traîner vers le petit mur
qui bordait le cimetière. Après l'avoir escaladé, je me tapis derrière, incertain si j'avais
été aperçu.

Le chantre s'était d'abord arrêté sous la
fenêtre de Louise, comme pour s'assurer
qu'elle ne reposait pas encore; puis, attiré
peut-être par le bruit que j'avais fait, il se
remit à marcher. Une lueur, que, de ma
place, je vis passer sur le haut des ogives,
m'annonça qu'il approchait. Alors je rampai
sur l'herbe jusqu'à la porte de l'église, que je
refermai doucement sur moi.

Là, je commençai à respirer. En regardant
par les fentes du vieux portail ce qui se pas-

sait à l'extérieur, j'aperçus bientôt le chantre qui, ayant éteint sa lumière, marchait doucement dans les ténèbres, regardant de tous côtés et prêtant l'oreille aux moindres bruits. Il s'éloigna lentement, et, peu de temps après, quelque mouvement que j'entendis du côté de l'église, où se trouvait son logement, me fit comprendre qu'il était rentré. Au profond silence qui s'établit ensuite, je jugeai que seul je veillais dans la cure, et je me crus sauvé.

Ma frayeur était trop récente pour que j'osasse sortir tout de suite, et d'ailleurs je ne savais où aller. Je me décidai donc à passer dans l'église deux ou trois heures, pour en partir avant le jour, et j'allai m'asseoir à la place de Louise. L'horloge sonnait une heure, j'étais épuisé de fatigue ; en sorte que, après avoir lutté quelque temps, je finis par me coucher sur le banc, et le sommeil m'y surprit.

Je fus réveillé par un grand bruit. C'était la cloche du temple qui appelait les paroissiens au service divin. Je me levai en sursaut, et, le bouleversement m'ôtant toute présence d'esprit, je me mis à parcourir

l'église, sans savoir où me diriger. Bientôt
au bruit de la cloche succéda un silence plus
effrayant encore. Une clef cria dans la ser-
rure, du côté de la sacristie; je volai sur la
galerie, où je me cachai derrière l'orgue.

C'était le chantre qui venait marquer les
versets et préparer la chaire. Par la porte,
qu'il avait laissée ouverte, j'entendais les
paroissiens qui s'assemblaient déjà sous les
tilleuls. Quand il les eut rejoints, je me rap-
pelai que l'orgue, à cause des réparations
qu'on y faisait, ne serait pas joué ce dimanche; et je vins me cacher dans une niche que
formaient la saillie du clavier et les côtés de
l'instrument. J'ajustai le siége qu'on avait
démonté, de manière qu'il fit face aux bancs
d'où je pouvais être aperçu, et je me résignai
à attendre là mon sort, regrettant mille fois
de n'avoir pas écouté, le soir précédent, la
voix qui me défendait de revenir sur mes
pas.

Bientôt quelques personnes entrèrent, la
galerie se remplit tout autour de moi, et,
comme pour rendre mon angoisse plus forte,
l'assemblée se trouvait plus nombreuse qu'à
l'ordinaire. Toutefois, je remarquais une

préoccupation qui pouvait lui être favorable, et, quand je me fus aperçu que j'en étais en partie l'objet, la curiosité suspendit pour quelques instants mes alarmes.

Autour de moi, l'on parlait de mon départ, de M. Prévère, du chantre. Personne ne blâmait celui-ci, quelques-uns plaignaient Louise, d'autres trouvaient que M. Prévère avait eu tort de m'élever chez lui. Une voix ajouta :

« Voyez-vous, qui ne naît pas de bon lieu finit toujours mal.

—C'est sûr, reprit une autre voix; c'étaient des mendiants qui n'en savaient que faire, et ils l'on posé là. M. Prévère les aurait connus s'il avait voulu; à telles enseignes qu'on lui dit que Claude, en revenant des chalets, avait vu la mère au bois d'en haut; mais il ne voulut jamais qu'on leur courût après. Comme ça, l'enfant lui est resté.

— C'était pour bien faire, reprit un autre homme « Le bon Dieu me l'envoie, que » M. Prévère se sera dit: l'irai-je rendre à » ces vauriens pour qu'ils le jettent dans un » puits? » Et il l'a gardé. C'est-il mal fait? Moi, je dis que non, pour qui a les moyens.

D'accord, que ça n'a ni père ni mère, et que je ne lui donnerais pas ma fille... Tout de même, c'est un mendiant de moins par le monde. Et puis, tenez, faut tout dire, c'était un bon garçon, M. Charles ! »

Et aussitôt, ces mêmes paysans, dont pour la première fois, je voyais à nu les égoïstes préjugés, firent à l'envi mon éloge avec une bienveillance qui ne pouvait me paraître suspecte. J'en fus surpris; car j'ignorais alors que dans la même âme peuvent vivre ensemble les préjugés les plus durs et une bonté naturelle; néanmoins, leurs paroles me touchèrent et versèrent quelque baume sur le déchirement de mon cœur.

Dans ce moment, Louise entra, et peu d'instants après, M. Prévère. Aussitôt les conversations cessèrent, et un silence inaccoutumé régna dans l'église. Pendant que M. Prévère montait les degrés de la chaire, tous les regards se dirigèrent sur lui; ils se portèrent ensuite sur le chantre, puis ils revinrent sur Louise. Cette jeune fille, en tout temps si timide, avait baissé la tête, et l'aile de son chapeau dérobait aux regards sa rougeur et son trouble.

M. Prévère lut dans la liturgie la belle prière qui ouvre, chaque dimanche, l'exercice de notre culte; après quoi le chant des psaumes commença. Contre son habitude, il ne joignit pas sa voix à celle du troupeau; mais, s'étant assis, il paraissait triste et abattu. Il porta plusieurs fois les yeux sur la place où il avait l'habitude de me voir, et qui était demeurée vide; et, autant qu'il osait le faire sans distraire ses paroissiens, son visage compatissant se tournait du côté de Louise. Les chants cessèrent; et, après la seconde prière, dont quelques expressions avaient provoqué une attention plus particulière, M. Prévère ouvrit la Bible et y lut ces mots : *Quiconque reçoit ce petit enfant en mon nom, il me reçoit.* Puis il parla ainsi :

« Mes chers paroissiens...

» Permettez que j'interrompe aujourd'hui le cours ordinaire de nos instructions. J'ai à vous faire entendre des vérités qu'il n'est plus opportun de vous taire. Puissiez-vous les écouter avec humilité ! puissent-elles sortir de mes lèvres pures de passion et d'aigreur.

» Il y a dix-sept ans que nous fûmes attirés, vers onze heures du soir, par les cris d'un petit enfant. C'était dans la cour même de cette cure; vous le savez, Pierre, et vous aussi, Joseph, qui vous trouvâtes là dans ce moment. La pauvre créature, enveloppée de haillons, était transie de froid. Nous la recueillîmes, nous la réchauffâmes, et nous lui cherchâmes une nourrice parmi les mères de cette paroisse... Aucune ne refusa, aucune ne vint; et, dès cette nuit même, notre chèvre, mes frères... notre chèvre lui donna son lait.

» Dieu permit, dans sa bonté, qu'il puisât au sein de ce pauvre animal la force et la santé. Mais il ne reçut pas les tendres soins qui appartiennent à cet âge; mais, au lieu des caresses que vous prodiguez à vos enfants, une curiosité maligne entoura son berceau, et à peine entrait-il dans la vie, que déjà le poids d'un préjugé barbare pesait sur son innocente tête... Ai-je tort de dire cela? ou bien vous souvient-il que cet enfant, qui n'avait pas de mère, eut peine à trouver au milieu de vous un homme qui voulût lui

donner son nom et le présenter au bap-
tême ?...

» Il grandit. Ses bonnes qualités, son
caractère aimable, généreux, devaient trouver grâce devant vous. Aussi vous l'aimiez,
vous l'attiriez dans vos maisons, vous le
traitiez avec bonté, et mon cœur reconnaissant vous en bénissait à chaque fois... Hélas !
je m'abusais. Vous l'aimiez ! mais sans oublier jamais la tache que vous imputiez à sa
naissance... Vous l'aimiez ! mais il était toujours pour vous l'*enfant trouvé*... Ainsi le
dédaigniez-vous dans l'orgueil de votre
cœur ; ainsi le nommiez-vous dans vos entretiens ; aussi apprit-il ce qu'il importait tant
de lui cacher, ainsi vint l'humiliation flétrir
sa jeunesse et empoisonner ses plus beaux
jours. Oui, vous l'aimiez ! mais si la Providence, exauçant mes vœux les plus chers,
eût voulu que ce jeune homme cherchât à
retrouver une famille en ces lieux, mes
frères !... pas un de vous peut-être ne lui eût
donné sa fille !

» C'est ce que j'ai pressenti, continua
M. Prévère d'une voix altérée, et j'ai dû
l'éloigner. Ajouterai-je que, déjà parvenu

aux confins de la vieillesse, je reste seul, séparé de celui qui m'en rendait l'approche moins triste?... A Dieu ne plaise ! J'ai perdu la compagne que je m'étais choisie ; j'ai vu mourir le seul enfant que Dieu m'eût donné... je n'ai pas dû compter sur ce bien plus que sur les autres.

» Assez sur lui, assez sur moi, mes frères. Mes espérances sont au ciel, les siennes s'y porteront : de là ne vient pas ma tristesse, mon effroi... Mais, où suis-je ? Qu'ai-je fait au milieu de vous ? Où vous ai-je conduits ? Quel compte te rendrai-je, ô mon Dieu, si, après vingt ans que j'exerce ton ministère, tel est l'état des âmes dont tu m'as confié le soin, qu'un barbare orgueil y étouffe jusqu'aux faciles devoirs, jusqu'aux plaisirs de la compassion la plus naturelle ? O Jésus ! comment regarderions-nous à toi ? Que te pourrions-nous dire ? Où est cette charité, à laquelle tu promis tout, sans laquelle on ne te connaît point ? Tu avais commis à cette paroisse le soin d'un de ces petits que ta bonté signale à la protection de ceux qui t'aiment ; et il n'a pu y trouver une mère, un ami, une famille ! et il faut qu'il aille, déjà flétri, découragé, chercher auprès d'hommes inconnus ce qui lui fut ici refusé! L'y trouvera-t-il du moins? Hélas! vous qui n'êtes que de pauvres gens des campagnes, vous qui aviez vu son enfance, vous qui connaissiez, qui aimiez cet infortuné... vous l'avez rejeté... Jugez donc vous-mêmes de ce qui peut l'attendre au sein des villes, au milieu des distinctions sociales, auprès d'étrangers qui, ne connaissant pas comme vous ses vertus, sauront trop tôt quelle fut sa naissance. A toi, mon Dieu! à toi seul à le prendre sous ta garde. Pour nous, nous le pouvions, mais nous ne l'avons pas fait...

» Charité, humilité! vertus si belles! êtes-vous donc trop pures pour cette terre? Etes-vous remontées avec mon Sauveur au céleste séjour? Autrefois j'ai vu, parmi la foule des cités, quelques hommes vous vouer un culte sublime... Néanmoins, à de si rares exemples, mes yeux attristés se portaient avec espoir vers les campagnes, et je croyais que ces paisibles champs dussent être votre asile... Amers mécomptes! Là aussi vous êtes méconnues, oubliées; là aussi le paysan, le laboureur, le journalier, si près qu'ils

soient de la poudre d'or ils furent tirés,
mettent à haut prix leur naissance et mépri-
sent l'enfant pour le crime de ses pères!...

» Qu'il aille donc dans une autre paroisse,
l'enfant trouvé! qu'il se présente à d'autres
portes! Ici l'heureux repousse le malheureux, le pauvre rejette le pauvre, la famille
bénie rebute l'infortuné sans famille... Ah!
mes frères, mes chers frères! Quoi! si peu
de temps sur la terre, et en méconnaître
ainsi l'emploi! Si peu d'occasions de pra-
tiquer des vertus, et laisser infructueuses
les plus douces, les plus belles! Le sublime
exemple d'un maître divin, qui relève
avec bonté une femme adultère, et, chez
d'obscurs mortels, tant d'orgueil, tant de
dureté à rabaisser un jeune homme pur et
honnête !

. . . .

» Je vous ai parlé durement, mes chers
paroissiens, et je ne suis qu'un pécheur
comme vous. Pardonnez-moi. Après tant
d'années que j'ai dû vous taire ces paroles,
elles s'échappent de mes lèvres avec trop
peu de mesure, et vous pleurez... Ah! laissez
couler vos larmes; elles ne vous seront pas

stériles, et, pour moi, elles me sont douces.
En coulant sur mon cœur, elles y lavent
l'amertume qu'y avaient mise de longs frois-
sements, soufferts dans le silence; elles y
laissent l'espoir que désormais vous saurez
voir dans le pauvre, dans le misérable, dans
l'enfant trouvé, l'ami de Jésus, l'hôte qu'il
vous envoie, l'enfant qu'il recommande à
votre amour.

. . . .

» Que si tel devait être le fruit de mes paroles, j'en regretterais peu la rudesse, et
bien plutôt je bénirais Dieu de leur avoir
prêté cette salutaire efficacité. Alors, comp-
tant que les promesses faites à la charité
vous sont assurées, je verrais s'approcher
avec moins d'anxiété le terme de ma carrière... O mes bien-aimés paroissiens! en-
trons sans délai dans les voies du salut;
mettons à profit le reste de nos jours; avançons vers la tombe en nous chargeant d'œu-
vres; et, quand elle aura englouti ces corps
périssables, puissions-nous être agréés du
souverain Juge : vous, pour avoir réformé
vos cœurs; moi, pour lui avoir ramené ce

troupeau, l'objet de toutes mes affections sur la terre.

Quand je relevai la tête, je ne revis plus Louise. Le chantre courbé sous le poids d'une douloureuse angoisse, pleurait la tête baissée, et, au travers des larmes qui inondaient ma paupière, M. Prévère m'apparaissait comme un être céleste, dont j'eusse baisé les pieds avec adoration. J'avais compris la piété, la vertu, la beauté du sacrifice; et, avant que l'espérance vînt amollir mon cœur, je me hâtai de quitter ces lieux, dès que je pus le faire sans être aperçu.

Trois jours après je reçus cette lettre du père de Louise :

« Charles,

» Hier, au prêche, M. Prévère parla de vous, et il dit des choses qui me firent peine, venant d'un si respectable pasteur. Alors, après le prêche, l'ayant trouvé seul aux Acacias, je lui pris la main, ayant peine à parler, du cœur gros que j'avais... « Parlez, » mon vieux ami, me dit-il; vous ai-je paru » trop sévère?... — Ce n'est pas ça, lui ai-je

» fait; mais, depuis ce matin, je me repens;
» déja depuis hier au soir, monsieur Prévère.
» C'est dimanche fête, je ne veux pas com-
» munier qu'il ne soit revenu. Donnez-lui
» Louise. »

» Alors nous nous sommes embrassés, et
j'ai senti que j'avais bien fait, ce dont je re-
mercie Dieu de m'avoir éclairé à temps.
M. Prévère m'a causé ensuite. C'était pour
dire que, tout de même, vous deviez rester
là-bas pour y apprendre un état. Il vous
écrira, et Louise aussi, après qu'elle aura
reçu de vos nouvelles.

» En foi de quoi, Charles, je vous envoie
ma montre en présent, aussi bien comme je
la tiens de mon père. Jean Renaud l'a net-
toyée, et recommande que, la nuit, vous ne
la teniez pas de plat, mais au clou, par rapport au mouvement.

» Adieu, Charles. Faites-vous sage et appliqué.

» REYBAZ. »

FIN

TABLE

TABLE

FIN DE LA TABLE.

Limoges. — Imp. E. Ardant et Cie.

www.ingramcontent.com/pod-product-compliance
Lightning Source LLC
Chambersburg PA
CBHW070416090426
42733CB00009B/1694